SINO-WISDOM
信睿企管 华商经营智慧

不懂解决问题，
怎么做管理

水藏玺 ◎ 著

中国纺织出版社　　国家一级出版社
全国百佳图书出版单位

内 容 提 要

任何企业都会存在这样或那样的问题。对企业而言，帮助客户解决问题是企业存在的唯一理由；对管理者而言，带领团队解决问题是各级管理者的首要责任，因为管理的本质就是通过协调资源实现组织目标；对员工而言，在帮助企业解决问题的同时自己的价值也得到了体现与提升，因为企业请你来的目的就是解决问题。

其实，企业存在问题并不可怕，只要按照"发现问题—分析问题—解决问题—杜绝问题"的流程把问题解决掉，并建立杜绝和预防这些问题再次发生的机制最关键。

图书在版编目（CIP）数据

不懂解决问题，怎么做管理／水藏玺著．—北京：中国纺织出版社，2019.2

ISBN 978-7-5180-5567-8

Ⅰ.不… Ⅱ.水… Ⅲ.①企业管理 Ⅳ.① F272

中国版本图书馆 CIP 数据核字（2018）第 253219 号

策划编辑：向连英　　　　特约编辑：周　玄
责任校对：武凤余　　　　责任印制：储志伟

中国纺织出版社出版发行
地址：北京市朝阳区百子湾东里 A407 号楼　邮政编码：100124
销售电话：010 — 67004422　传真：010 — 87155801
http://www.c-textilep.com
E-mail: faxing@c-textilep.com
官方微博 http://weibo.com/2119887771
三河市宏盛印务有限公司印刷　　各地新华书店经销
2019 年 2 月第 1 版第 1 次印刷
开本：710×1000　1/16　印张：13
字数：160 千字　定价：45.00 元

前言

由于顾问工作的特性，每年我都会辅导不下100家企业帮助其提升经营业绩，在跟很多企业家、企业中高层管理者，甚至基层员工沟通的过程中经常会听到大家对企业问题的种种抱怨，诸如：企业盈利能力急剧下降而不知道如何改善；销售业绩增长困难而又不知道如何提升；客户要求过于苛刻而企业又无法满足；供应商能力太弱但由于企业自身原因却无法更换；好不容易签到一个大订单却不能准时交付；产能利用率一直处于低水平；产品品质异常接二连三出现又不能建立杜绝的管理机制；产品竞争力不强导致市场份额逐渐被竞争对手蚕食；产品迭代能力不足，企业后续发展动力不足；产品同质化严重，导致企业陷入无休止的低价竞争泥潭；公司设备陈旧导致稼动率低下；竞争对手发展迅猛进而蚕食企业市场空间；客户投诉持续不断，有些问题屡次发生却得不到有效改善；公司决策不科学，造成失误连连；员工能力太弱，工作结果总是达不到预期；员工忠诚度低，离职率过高；员工执行力太差，很多事情有头无尾；员工责任心不够，得过且过……总而言之，在很多管理者眼中企业处处都有问题。

面对这些抱怨，我通常会告诉他们两个基本的道理：其一，任何企业都存在这样或那样的问题；其二，企业请你来的目的就是为了解决这些问题，而不是听你抱怨。

首先，我想告诉各级管理者的是企业存在问题是一件很正常的事情，估计全天下都不会存在没有问题的企业，而且企业的绝大多数问题都是在发展过程中产生的，同理，企业的问题也必须要在发展当中去解决。为什么企业的问题总是得不到解决？即便有些问题眼下解决了，但过一段时间又会重复发生呢？解决企业的问题为什么这么难呢？

在现实生活中，大家都有过跑100米的经历，大家想想跑100米的时候穿着短裤跑得快呢，还是穿着长裤跑得快呢？毋庸置疑，肯定是穿短裤跑得快！这个道理我想大家都很清楚。大家在跑步之前都会先做好热身，脱掉长裤，然后在发令枪响后直奔终点。但在企业经营的过程中并不是这样的，经营企业要求我们"边脱长裤边跑步"，而且还要稳健，不能跌倒，因为企业的经营不可能让我们先做好准备再去解决问题，这也就是为什么大家会觉得企业的问题比较难解决的道理。

很多人认为自己来企业只要把自己职责范围内的事情做完了就可以了，殊不知把工作"做了"与把工作"做好了"完全是两码事。把工作"做了"只是停留在问题表面就事论事，而把工作"做好了"是除了解决当前的问题之外，还需要挖出问题背后的原因，按照"发现问题—分析问题—解决问题—杜绝问题"的流程把这些问题彻底消灭掉，并建立杜绝和预防这些问题再次发生的机制。

其实，企业存在问题一点都不可怕，企业就是通过不断地"发现问题—分析问题—解决问题—杜绝问题"而慢慢发展和壮大的。只不过企业的有些问题是战略性的，这些问题关乎企业的未来和发展，而有些问题是战术性的，它决定企业阶段性的生存；有些问题是管理问题，需要各级管理者通过计划、组织、指挥、协调和控制等手段加以解决，而有些问题是业务性的，需要各业务负责人发挥自己的专业特长和责任心去解决；有些问题是例行性的，员工只要按照企业既定的流程、制度、规范、标准或前人的经验执行即可，而有些问题是例外性的，需要相关责任人去发现、分析、解决和杜绝；有些问题是系统性的，诸如企业战略系统、市场营销系统、集成产品研发系统、集成供应链系统、人力资源系统、财务管理系统、企业文化系统等，这些问题的解决需要多个部门共同协同，甚至企业高层亲自抓才能解决，而有些问题是职能性的，诸如业务计划、品牌塑造、渠道开发、市场推广、物料采购、品质控制、生产组织、计划安排、产品规划、新品开发、上市管理、产品生命周期管理、成本核算、税务筹划、员工招聘、员工培训、员工激励、绩效评价等，这些问题的解决只需要部门负责人带领团队成员加以解决就可以了。总而言之，企业需要树立正确的问题观，同时建立问题管理机制。

在企业问题解决领域，有很多成熟的方法论，如大家熟悉的PDCA四步法（计划、执行、检查、改善），DMAIC五步法（定义、测量、分析、改进、控制），8D八步法（成立改善小组、描述问题、实施及确认暂时性的对策、原因分析及验证真因、选定及确认长期改善行动效果、改善问题并确认最终效果、预防再发生及标准化、团队庆祝及规划未来方向），麦肯锡七步法（问题描述、问题分解、问题规划、信息整理、分析和论证、提出建议、方案表达），诺基亚七步法（确认问题、分析问题、确定原因、寻求对策、行动计划、实施对策、评估结果）等。

同时也有很多问题管理专家提出的方法论，如日本知名管理专家高杉尚孝提出了问题解决的五个步骤：①发现问题，并将问题分类；②将问题转化成具体的课题；③找出解决问题的替代方案；④运用适合的标准，评估每项替代方案；⑤选出最佳的解决方案，并采取行动。

又如美国问题管理专家莱尔斯提出的解决问题七个步骤：①界定问题；②界定目标；③找出各种问题解决的途径；④制订行动计划；⑤排除故障；⑥沟通；⑦实施。

再如国内著名问题管理专家孙继伟也提出解决问题的三个步骤：①挖掘问题（发现问题、分析问题、界定问题）；②表达问题；③解决问题。

美国纽约州立大学托马斯·沃森工程学院的系统科学教授唐纳德·高斯在他的《你的灯亮着吗》一书中提出了解决问题的三个步骤：①定义问题（谁碰到了问题、什么类型的问题、问题究竟是什么）；②解决问题（谁是问题的解决者、问题从哪儿来的）；③重新审视问题（真的要解决问题吗？有时候不解决反而会更好，解决问题有时候会有副作用）。

在我看来，以上这些方法都有其可取之处，但这些方法往往局限于对已知问题的分析和解决。在企业内部，最大的问题往往是不知道哪里有问题，谁有问题，哪个部门有问题，哪项业务有问题，哪些是问题，哪些问题应该当下解决，哪些问题应该未来解决，哪些问题应该高层解决，哪些问题应该中层解决，哪些问题应该基层解决，哪些问题应该营销部门解决，哪些问题应该研发部门解决，哪些问题应该生产部门解决，哪些问题需要财务部门解决，哪些问题需要人力资源部门解决……同时，问题的解决也不能只停留在表面而就事论事，企业还必须建立杜绝问题的机制，避免同样的问题重复发生。

因此，本书将企业问题的解决分为四个步骤：

（1）发现问题。俗话说，发现问题，成功一半。关键是很多企业都不知道什么是问题、企业的问题是从哪里来的、为什么问题会变得越来越复杂、发现问题应该从哪里下手，就根本谈不上去解决问题了，特别是一些隐性问题或者未来即将发生的问题更是难以发现，本书阐述了企业问题产生的7种可能、发现问题的7种工具以及企业常见问题的72种症状。

（2）分析问题。本书提出了问题分析的8种工具、4种方法以及看待企业问题的2个视角，系统阐述问题分析的技巧，帮助企业发现"问题的问题的问题"，分析"原因的原因的原因"。

（3）解决问题。对问题进行量化衡量、确定问题责任人、提出问题改善目标，并根据80/20原则确定问题解决的关键环节、编制问题改善计划，并对问题改善过程进行跟踪与评价，保证问题改善计划能够落地执行。

（4）杜绝问题。建立解决问题的核心流程，明确治标的同时也要有治本的问题杜绝机制，学会用机制进行问题管理。

另外，根据我多年辅导企业解决问题的经验，本书将从企业的实际出发，手把手教会企业如何发现问题、分析问题、解决问题和杜绝问题，让企业明白在不同生命周期阶段需要解决的问题是不同的，企业问题的类型也有差异，同时问题的严重程度也是不一样的，根据不同生命周期发展阶段、不同问题类型及问题严重程度识别优先解决的问题、选择最佳解决路径，将起到事半功倍的效果。另外，企业还需要建立问题管理机制，让解决问题的能力得到不断提升。

我从事问题管理研究已经有16年的时间了，在这16年中，有幸认识了很多解决问题的高手，他们在解决问题的时候犹如庖丁解牛，游刃有余。他们当中有企业家、企业高层管理者、中层管理者、管理咨询顾问、企业家教练、知名讲师、著名学者、大学教授、白领精英、蓝领工人，在与他们共事和相互学习的过程中，我个人的能力也不断得到提升，在此书出版之际，对他们对本书写作过程中的帮助和关心表示感谢，也谨以此书献给致力于提升中国企业经营能力，实现企业"中国梦"的问题解决高手们！

另外，我还要感谢我的家人，由于工作原因，长期、频繁出差在所难免，很少有时间好好陪在你们身边，谢谢你们的鼎力支持、无私奉献和默默付出。

最后，中国纺织出版社的向连英女士是我多年来一直合作的责任编辑，她的睿智、认真以及对工作的一丝不苟，为每本书的出版付出了很多心血，在此也一并表示感谢。

水藏玺
2018年1月于深圳前海

目　录
contents

第一部分　发现问题，成功一半

　　企业最大的问题往往是不能及时发现问题。对于企业存在的问题，很多管理者视而不见、听而不闻，甚至麻木不仁，导致问题越来越严重，最终无可救药。犹如蔡桓公从"疾在腠理""病在肌肤""病在肠胃"到"病在骨髓"，最终"桓侯体痛，使人索扁鹊，已逃秦矣，桓侯遂死"。

　　因此，我们认为，发现问题，就成功了一半，只有及时发现企业存在的问题，才能做到防微杜渐。正如扁鹊所言："疾在腠理，汤熨之所及也；在肌肤，针石之所及也；在肠胃，火齐之所及也。"而不至于"在骨髓，司命之所属，无奈何也"！

第二部分 分析问题，抽丝剥茧

明·洪楩《清平山堂话本·蓝桥记》中说：安绥悯纪，无行云流水之势，但如抽丝剥茧之行而为之，故望此云，无望得众。

发现问题有方法，尽早发现，及时解决很关键。但在企业正式解决问题之前，还有一项非常关键的事情要做，而且还直接关系到问题解决的效率和效果，那就是抽丝剥茧地对每个问题进行分析，并对问题结合企业经营系统及企业生命周期理论进行双重定位。

第三部分　解决问题，庖丁解牛

　　庄子在他的作品《庖丁解牛》中这样说："手之所触，肩之所倚，足之所履，膝之所踦，砉然向然，奏刀騞然，莫不中音。合于《桑林》之舞，乃中《经首》之会。"可见庖丁解牛的技艺有多高超。

　　针对如此高超的技艺庖丁是这样解释的："臣之所好者，道也，进乎技矣。始臣之解牛之时，所见无非牛者。三年之后，未尝见全牛也。方今之时，臣以神遇而不以目视，官知止而神欲行。"可见，庖丁确实是一位"解牛"的高手，他懂得什么时候刀要轻，什么部位要小心翼翼。

　　企业内部解决问题何尝不是这个道理！

第四部分　杜绝问题，绝薪止火

《吕氏春秋·尽数》中说："扬汤止沸，沸愈不止，去火则止矣。"可见，杜绝问题的最高境界不是隔靴搔痒般的徒劳无功，而是要切中要害，绝薪止火，一步到位。

企业很多问题看似已经解决了，但谁又能保证下次不再发生？一旦发生，如何更加高效地加以解决呢？这就需要企业建立问题杜绝机制。

第一部分
PART ONE

发现问题，成功一半

企业最大的问题往往是不能及时发现问题。对于企业存在的问题，很多管理者视而不见、听而不闻，甚至麻木不仁，导致问题越来越严重，最终无可救药。犹如蔡桓公从"疾在腠理""病在肌肤""病在肠胃"到"病在骨髓"，最终"桓侯体痛，使人索扁鹊，已逃秦矣，桓侯遂死"。

因此，我们认为，发现问题，就成功了一半，只有及时发现企业存在的问题，才能做到防微杜渐。正如扁鹊所言："疾在腠理，汤熨之所及也；在肌肤，针石之所及也；在肠胃，火齐之所及也。"而不至于"在骨髓，司命之所属，无奈何也"！

第一章

问题是从哪里来的

问题犹如浩瀚的星空

什么是问题

问题是从哪里来的

问题正变得越来越复杂

一、问题犹如浩瀚的星空

在很多人眼里,企业的问题犹如浩瀚的星空,密密麻麻、数不胜数。对于满天的星斗,天文学家们通过长期观察和研究发现了这些看似杂乱无章、毫无规律的星空其中的规律,因此就出现了星座。

公元前270年,古希腊诗人阿拉托斯(前315或前310—前240)写的《物象》中提到47个星座。再如到公元二世纪,古罗马天文学家克罗狄斯·托勒密(约90—168)在他的《天文学大成》中记录了48个星座中的1022颗恒星。还如中国古代提出的星官、三垣、四象及28宿都是人类认识星空的经验总结。直到1930年,国际天文学联合会(International Astronomical Union,简称IAU)为了统一繁杂的星座划分,用精确的边界把天空分为88个正式的星座(如大熊座、小熊座、天龙座、仙后座、仙王座、仙女座、蝎虎座、鹿豹座、御夫座、猎犬座等),使天空中的每一颗恒星都归属于某一特定星座。

自此,人类认识星空就变得易学、易懂,易于理解。

同样的道理,在很多管理者眼中,企业的问题跟浩瀚的星空差不多,如果不能对问题进行有效分类,并建立统一的发现问题、分析问题和解决问题的方法,企业的问题是很难得到有效解决的。虽然企业内部的问题并没有像人类认识星空那么复杂,但掌握一定的规律并对问题加以归类和分析是非常有必要的。

二、什么是问题

在解决问题之前,我们有必要先明确什么是企业的问题。

美国问题管理专家理查德·I.莱尔斯把问题定义为:什么时间发生了什么不愿意看到的结果。请注意,这句话有两层意思,一是什么时间,企业一定要明确地知道问题发生在什么时间;二是什么不愿意看到的结果,这个不愿意看到的结果可能是理想与现实之间的差距，也有可能是事物的现状与原状存在的差异，还可能是由于决策或人为失误（分主观和客观两种）因素导致最终结果不是企业预期想要的。总之，在莱尔斯看来，任何阻碍企业达成预期目标或者使企业的预期目标发生偏差的情况都是企业存在的问题。

比如由于产品品质原因造成的客户退货，客户退货发生的时间很明确，同时客户退货不是企业愿意看到的结果。

又如客户订单交付滞后导致客户取消订单，同理，客户取消订单的时间也很明确，同时客户取消订单不是企业愿意看到的结果。

再如员工未严格按照工艺规程操作造成批量产品报废，同样的道理，这个问题背后事物的原样是员工严格按照工艺规程操作生产出合格的产品，但由于员工私自变更原样导致出现了不想看到的结果，在莱尔斯看来，这就是企业存在的问题。

在理查德·I.莱尔斯的定义中，我们发现企业所有的问题都是已知的，而且是非常明确的。

日本问题专家高杉尚孝则认为，问题的本质就是"有了落差"，这种落差是基于现状与期望状况之间的差距产生的，而解决问题的意思就是消灭或者缩小这种落差。在《麦肯锡问题分析与解决》一书中，高杉尚孝把问题分为三类，即恢复原状型问题、追求理想型问题、防范潜在型问题，如图1-1所示。其中：

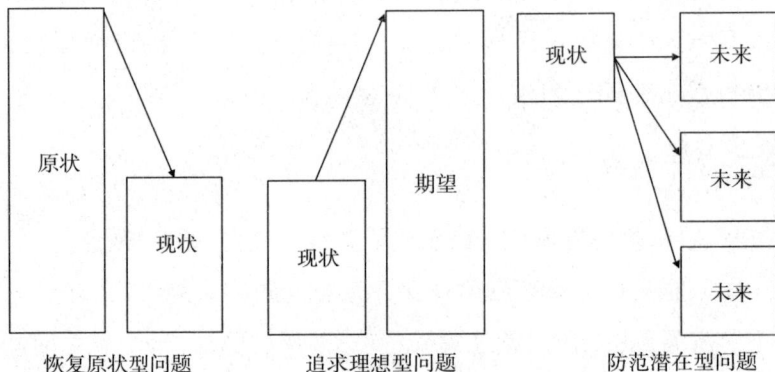

图1-1 麦肯锡问题分类

（1）恢复原状型问题。是把事物原来的状态视为期待的状态，目前已经呈现出来的状态是低于原来状态的，这类问题的解决方法是恢复原状。比如企业一名有经验的老员工离职，而这个岗位新入职的员工由于技能不足导致工作效率低下，工作差错率居高不下，很明显这是一个恢复原状型的问题，只要通过提升新员工工作技能就能恢复到老员工在职时的状态；再如之前公司产品合格率为99.5%，但由于企业调整生产工艺，导致目前的产品合格率仅为97%，同理，企业现在要做的就是通过持续工艺优化将产品合格率提升到原来的状态。

（2）追求理想型问题。是现在的状态未满足期望，这类问题的解决方法是达成期望。如企业确定了每年30%的业绩增长目标，但由于资源不足、策略不明确或员工执行不力等原因，导致业绩增长只有10%，这个问题是现状与期望状况之间存在差距。要解决这一问题，就要通过增加资源配置、再次明确经营策略、提升员工执行力等手段缩小现状与期望值之间的差距。

（3）防范潜在型问题。是指目前并无大碍，但如果置之不理或者置若罔闻，将来会产生不良状态，这类问题的解决需要企业必须具备较强的前瞻性，把未来潜在可能发生的问题做到提前预防。如由于目前企业员工激励体系不健全，虽然目前员工队伍还算稳定，但不能保证未来还能够维持现在的状况，这个问题就是一个典型的防范潜在型问题，企业要想杜绝未来由于核心员工的离职造成对业务的伤害，那就必须对企业员工激励体系提前进行优化。

针对不同的问题类型，高杉尚孝提出的麦肯锡解决流程是不同的，具体如下：

（1）恢复原状型问题。掌握现状—分析原因—紧急处理—根本解决—防止复发。

（2）追求理想型问题。现状盘点—选定理想—确定行动计划。

（3）防范潜在型问题。确定不良状态—确定诱因—提出预防策略—明确问题发生时的应对策略。

在高杉尚孝的问题定义中，恢复原状型问题、追求理想型问题都是已知的，而防范潜在型问题需要预测和前瞻性判断。

在我们看来，企业的问题有很多类型，大致可分为战略性问题与战术性问题、发展性问题与维持性问题、管理问题与业务问题、例行性问题与例外性问题、系统性问题与职能性问题、紧急性问题与非紧急性问题、重要性问题与非重要性问题、决策性问题与执行性问题、隐性问题与显性问题、效率问题与效益问题等。总之，不同的问题分类代表着企业不同的问题，那么究竟什么才是企业的问题呢？在我看来，以下情况都是企业存在的问题：

1.不知道答案

这种问题是最容易理解的，比如很多企业想提升客户满意度，但不知道客户的真实诉求；再比如说企业想规划自己的未来，但由于经营环境变化很快以及竞争环境、产品迭代瞬息万变，不知道未来究竟会成为什么样子，等等，企业的这些问题都是由于不知道答案引起的，这是一个追求理想型的问题，用高杉尚孝的理论来解释就是企业并不清楚未来的理想状态究竟是什么样子的。

2.不知道如何去做

这种问题在企业中是最普遍的，限于方向不明确、目标不清晰、职责分工不明、员工能力不足、工作方法不对、工作意愿不强或者工作氛围不正等原因，面对一件事情的时候，企业往往不知道从哪里下手或者不清楚用什么方法去解决，要么没有方法、要么方法不多。如很多企业都会面临优化生产工艺流程、提升产品品质、压缩订单交付周期、开拓新市场、优化产品结构、降低产品成本、提升产品毛利、降低材料库存及成品呆滞、提升人均效能、提升员工工作士气等困惑，但又不知道如何解决，这也是企业存在的问题。

3.做错了事情

不管是主观原因，还是客观原因，企业经常会碰到把好事办成了坏事，或者做出来的结果根本就不是企业想要的这些情况。如采购人员为了节省成本而采购的物料品质完全不符合公司品质标准，也不能满足生产需要；行政人员安排公司会议却搞错了时间和地点；公司明确规定先款后货，但销售人员为了拿到客户订单对这一规定视而不见，最终导致应收账款呆坏；由于没有严格按照既定的工艺规程及品质标准进行生产作业导致产品品质达不到客户要求等。

4.现状与原状之间存在差距

企业的另外一种问题就是现状不如原状。比如说企业之前的产品合格率为99%，而目前的合格率仅为97%；又比如说企业之前的客户满意度为90分，而目前的状态仅为85分；再比如企业之前的客户订单交付周期为12天，但随着组织规模扩张，内部运营效率越来越低，目前交付与之前同样的订单，交付周期竟然拉长到了18天。很显然，以上情况都是企业的现状与原来的状态之间存在巨大的差距的体现。

5.没有达到预期

企业经常会花费巨大的人力、物力、财力去做一些事情，但最终的结果与期初的预想差异很大，这种差异可能是预期未达成，也可能是方向跑偏了。比如说山东一家企业想通过降价策略提升销量，获得规模利润，但最终的结果是销量并没有提升，公司的利润却大幅度下降了；又比如南京一家企业想通过加薪提升员工的满意度，但由于薪酬体系不合理、加薪幅度不公平反而致使优秀员工大批量流失；再比如深圳一家企业想通过巨额的广告投入获得市场份额，但由于广告媒介选择不合理导致投入回报远没达到预期。

6.视而不见，听而不闻

每家企业都存在这样那样不尽如人意的地方，这些地方有些是显性的，而更多的则是隐性的。对于很多企业而言显性的问题容易察觉，但隐性的问题则很难发现。即便是显性的问题很多人也是司空见惯或者视而不见、听而不闻，更遑论隐性问题，企业很难察觉，往往更加要命。我们认为，这才是很多企业真正的问题。

除了以上对企业问题的理解之外，企业的问题还有很多，比如执行不力、态度不端正、未发现问题的真实原因、事不关己高高挂起、做一天和尚撞一天钟等，在本书中，不管是上面哪种情况，我们都把它归结为企业的问题，经营企业就是对这些问题根据企业经营系统建设、发展战略规划、年度经营计划、企业生命周期理论以及日常运营需要，选择在合适的时间采用合适的方式加以分析与解决。

解决企业的问题既不能提前，也不能滞后，提前解决有可能达不到预期的效果，浪费时间与精力；滞后解决会严重影响企业经营结果，甚至万劫不复。

三、问题是从哪里来的

知道什么是问题之后，我们还需要研究企业的问题究竟是从哪里来的。我们先来看看企业经常面临的一些问题：

企业销售业绩增长困难，盈利能力下降；

客户紧急追单，导致计划系统混乱；

新品开发周期过长，造成新产品上市时间滞后，导致新品上市后市场表现疲软；

供应商交货不及时或者采购不齐套导致无法及时安排上线生产；

竞争对手出了一款极具竞争力的新产品，造成很多客户流失；

由于计划部门对生产计划安排的失误，造成成品库存积压，呆滞陡增；

对于市场前景预期过于乐观，过度投入资源，导致机构臃肿、资产闲置、库存呆滞；

由于员工失职，导致部门绩效排名倒数第一；

老板临时安排一项新的紧急工作任务，造成部门内部其他工作无法有序开展；

自己长期养成的拖拉习惯，造成无法按时为客户提供样品，导致一个大客户丢失；

……

　　总而言之，如果让企业罗列一下自己面临的问题，我想每家企业都能列出很多，正如上面所列举的，这些问题可能来自客户，也可能来自供应商，还可能来自竞争对手、兄弟部门、员工、公司老板，最重要的是这些问题往往来自员工自身。同时企业在面临这些问题的时候，可能是视而不见，可能是不知道答案，也可能不知道如何去做，还可能是做错了或者处理这些问题未达到预期等，那么企业问题究竟有哪些来源呢？如图1-2所示。

图1-2　问题是从哪里来的

1.客户

　　企业与客户的关系可以用两句话来概括：一是企业存在的唯一理由是客户还需要你；二是客户需要企业是因为企业解决了客户某种至关重要的需求。客户作为企业最重要的利益相关方经常会给企业带来这样或那样的问题，比如客户会要求交货期短一点、品质好一点、价格低一点、付款周期长一点、服务好一点等，更关键的是，很多时候客户的诉求不是单独的，而是几个诉求并列存在，如果不能满足的话，这些客户提出来的诉求马上就成为企业面临的问题。

2.供应商

与客户的利益诉求恰恰相反，供应商的诉求往往是交货期更长一点、品质要求更低一点、价格更高一点、付款周期短一点、服务要求不要太高等，显然企业很多时候是不能完全接受供应商的这些诉求的，而站在供应商的角度来讲这些诉求似乎又都是合理的，这样一来供应商的这些诉求也就自然而然地变成了企业所面临的问题。

3.竞争对手

竞争对手给企业造成的问题往往是猝不及防的，比如竞争对手采用降价策略获取市场份额；竞争对手为了赢得市场空间不断推出新产品；竞争对手直接策反企业的市场和客户资源；竞争对手有的放矢地给企业制造一些麻烦；竞争对手模仿企业的产品及销售政策；竞争对手以优厚的工资直接来挖企业的优秀人才等，这些都是竞争对手给企业造成的问题。

4.兄弟部门

大家都知道，企业会根据业务需要在内部设置若干个部门，如市场部、销售部、客服部、采购部、计划部、工程部、生产部、仓储部、研发部……企业内部的很多事情都需要两个或者更多部门协同才能搞定，但企业内部往往会因为个别部门的原因导致事情结果完全达不到预期。如由于采购不及时或者生产计划错误导致客户订单无法准时交付，进而导致销售人员目标无法达成，这个问题的表象是销售目标未达成，但问题的根本在于采购和计划部门；又如由于销售部门开发的订单结构不合理，造成频繁更换生产线，导致员工作息时间极其不固定进而使员工流失率大幅度上升，这个问题的表象是员工流失率上升，但问题的本质是由于订单结构不合理；再如采购付款不及时而导致供应商不能及时发货，这个问题的表象是付款不及时，而深层次的原因可能是财务资金计划不准确，那么影响财务资金不准确的真实原因又是销售回款计划未达成。

5.下属

对于管理者而言，带领团队成员完成组织目标是一件再正常不过的事情，但由于下属失职、能力不足、工作意愿不强、责任心太弱、执行力太差、团队配合不力等原因导致部门工作目标无法达成，那这个问题的来源就是下属。

6.上司

由于上司交代工作不清楚、行政指令混乱、目标不清、计划不明确、未按组织原则随意安排工作等原因会导致下属无所适从，进而造成部门工作难以有效开展，这也会导致企业出现很多问题。

7.自己

根据我们的研究，很多时候自己才是问题的主要来源，很多人抱着60分万岁、得过且过、能推就推、能拖就拖、能逃就逃、能避就避、差不多的心态，明明有些问题可以做得更好或者可以提前完成，但个人原因导致这些事情始终达不到组织期望的结果。

综上所述，我们把企业问题的来源主要归结为以上七个方面，除了这些，其实企业的任何一个利益相关方都可能给企业带来问题，比如政府要求企业合法经营，遵守环保、安全、职业健康、合法用工、依法纳税等相关法律法规的要求，但如果企业没有做到的话就会与法律法规的期望产生差距，进而导致问题的出现；再比如银行要求企业按期还贷款，但如果企业运营状况不理想、资金调度计划不及时造成不能按时还贷款，就会影响企业自身的银行信用记录。

面对这些问题，企业如何看待呢？有些企业会把这些问题认为是麻烦，甚至会认为是相关方故意刁难自己，而有些企业会认为问题的存在正是企业进步的方向和动力，因此在企业内部树立正确的问题观就显得尤其重要。

1.客户带来的问题正是企业存在的价值

企业存在的唯一理由是客户还需要你。企业也正是通过对客户利益诉求的持续满足，帮助客户解决问题，为客户创造价值，进而实现企业自身业绩增长和利润积累。当然，在这里我也并不是要误导企业想当然地认为客户永远是对的，但只要是客户的合理诉求，企业就应该想方设法去满足，而且客户的诉求越刁钻，客户带给企业的问题越难解决，企业的价值体现就会越大，获得的收益也会越大。

2.供应商带来的问题说明他还需要你

正如前面所列举的，供应商为了确保自身利益最大化也会给企业带来种种问题，针对这些问题，企业不能简单粗暴地统统归根为供应商。首先，企业应该告诉自己供应商的这些诉求都是正常的，因为只有这样才能达到共赢的局面；其次，企业需要与供应商一起探讨问题背后的原因和解决这些问题的方法，而不是局限于问题本身；再次，关于供应商带来的问题，很多企业都有严重的"甲方"思想，认为企业给供应商付了钱，供应商就应该100%地满足企业提出来的各种诉求；最后，请记住：供应商给你带来问题说明它还在乎你，需要你。

3.竞争对手带来的问题正是企业成长的动力

正因为竞争对手不断地给企业制造麻烦，企业才会思考如何通过自身的改变和努力应对来自市场的竞争。正如马拉松比赛，总会有人交替领跑保持队伍整体行进速度，但如果只是固定一个人跑在最前面，队伍整体跑动速度会随着第一个人的跑动速度下降而下降。就像这几年的手机市场，从摩托罗拉、诺基亚到后来的三星、苹果，再到现在如日中天的华为、小米，正是这些优秀企业不断领跑，手机行业才得到了长足的进步与快速的发展，消费者也因此享受到了科技带来的便捷。

经营企业也是这样，由于不断有竞争对手跳出来领跑，才让整个行业步入正轨的行进速度和竞争态势，因此，我们认为企业应该树立正确的竞争观，不要仅仅把竞争对手当成敌人，其实还可以把竞争对手当成标杆进行学习。

4.兄弟部门带来的问题是你在流程中价值的体现

流程把企业内部不同部门（横向协同）和岗位（纵向协同）串了起来，比如客户订单的准时交付会与销售部门的订单评审、采购部门物料采购的计划及实施、计划部门的生产计划安排与调整、制造部门的生产组织与异常处理、仓储部门的仓储管理与物流安排等很多环节有关；客户对品质的诉求会与研发部门对研发品质的控制，工程部门对可生产性的评审及工艺文件的编制、评审与下发并监督执行，品质部门对原料及半成品、成品质量的控制，仓储物流部门对仓库防护、运输质量的管控等很多部门职责有关。

在流程运行的过程中，首先需要流程主导部门对流程运行的每个环节进行监控，当发现流程某个环节出现异常而导致整个流程绩效受到影响的时候，需要及时加以纠正和评价，同时相关部门还需要学会补位，只有这样才能保证每个流程环节对应的责任部门感受到自己在流程中的价值。

记住：在企业内部，任何时候都不是一个部门、一个岗位在战斗，必须通过横向部门之间的协同、纵向岗位之间的协同才能解决问题。

5.下属带来的问题是证明你在团队中的价值

兄弟部门带来的问题是通过流程来体现价值的，而下属带来的问题则是通过内部分工来体现价值的。为了保证部门之间、岗位之间的有效协同，企业必须本着"横向到边、纵向到底"的原则进行分工，把企业的任何一项业务活动分解到相应部门，把部门承接的每一项职能都通过组织、计划、执行、协助、审核、分析改进等分解到相应岗位，同一项职能有些岗位承担组织的角色，而有些岗位承担计划、执行的角色，可能还有另外一些岗位承担协助的角色。总之，企业内部分工一定要做到不留死角。

比如企业会把人力资源规划、员工招聘、员工培训、绩效管理、薪酬福利管理、企业文化管理等职能分解给人力资源部承接，同时人力资源部的员工培训职能，一般情况下由部门负责人扮演组织角色，培训需求的识别、培训计划的编制等工作则由培训经理岗位承接，培训执行由培训主管承接，而要把一场培训工作做好还需要人力资源部其他岗位，甚至其他部门的协助配合。

下属带来的问题往往是下属对部门内部某个角色没有扮演好而造成的，这时候员工的直接上司就要通过协调让员工把事情做好，这正是上司在团队中价值的体现。

6.上司带来的问题是证明自己价值的机会

是金子总会发光的，但如果不给金子发光的机会，再好的金子也只能埋没在沙砾之中。很多员工总是害怕甚至排斥上司布置工作，对于职责范围之内的事情可能还能接受，但很多职责范围之外的事情，很多员工往往采取能拖就拖、能逃就逃的思想。我们认为，这种认知是极其肤浅的，因为大家一定要明白只要自己高标准地完成上司给你的每一项工作，你在上司心目中的地位才会与日俱增。

7.自己造成的问题才是问题的根源

很多人总喜欢找别人的不足与毛病，而很少进行自我反省；很多人对别人要求很苛刻，而对自己很少自律；还有些人要求别人按部就班，而自己则拖拖拉拉；还有一些人总是期望别人把事情做到最好，而自己负责的事情则一塌糊涂……同理，很多企业总是指责客户要求太苛刻、供应商供货能力太差、竞争对手太无情、内部员工素质太低……这些现象都会导致事情永远做不好。但我们认为，每个员工甚至企业自己造成的问题才是企业问题的根源。

四、问题正变得越来越复杂

不知道大家注意到没有，几乎一夜时间，我们都被互联网绑架了，企业不论从信息获取、战略规划、新品开发、产品制造、品牌推广、渠道运营、思维模式，还是员工管理都需要按照互联网的套路去调整，这样一来企业面临的问题就变得越来越复杂了。

1.信息大爆炸: 天下没有新鲜事

每天我们都可以通过微信、微博、博客、网页、短信、电视、平面媒体、自媒体等渠道自觉不自觉地获得海量的信息, 天下发生的任何事情在很短的时间内便可传遍全世界的各个角落。在信息大爆炸的时代, 对于企业经营而言会面临一系列的挑战, 企业过去自认为掌握的核心技术、市场信息、客户信息、供应商信息、员工信息都有可能随时传出去, "一招鲜, 吃遍天"的时代将一去不复返, 因为天下没有新鲜事。

企业为了解决这一问题, 必须具有对信息的高度敏感性, 进而建立持续的创新能力, 迎合互联网时代, 顺势而为。

2.新常态: 竞争态势被打破

(1) 竞争模式变了。传统企业之间的竞争的聚焦点是空间, 而互联网时代企业之间竞争的聚焦点为时间。传统企业的业务扩张是以空间拓展和空间竞争为主, 传统企业通过不断地进行市场拓展、提升产能、丰富产品线来获得竞争优势, 而在互联网时代, 客户更加关注交付周期, 造成企业之间的竞争由空间竞争向时间竞争转变。比如, 现在客户在线上下单, 他不太会关注产品是从广东来的、北京来的, 还是上海来的, 他更关注你是24小时到货, 还是12小时到货。

(2) 竞争对手变了。在传统的竞争理论中, 企业选定竞争对手是一件相对容易的事情, 而在互联网时代这个问题就变得不那么简单了。估计俞敏洪从来不会想到腾讯、阿里巴巴会成为他的竞争对手, 格力也不会想到一个做手机的小米会成为它的竞争对手, 国旅也不会想到自己的市场会被去哪儿、携程、驴妈妈、途牛网抢走, 奥迪、宝马、奔驰也不会想到乐视、百度、腾讯、华为会来争夺自己的市场份额, 等等, 如此之多的案例充分地告诉我们, 互联网时代企业的竞争对手变了, 这些竞争对手可能是你的同行, 也可能是与你八竿子打不着的潜伏者, 企业稍不留神就会栽个大跟头。

对于传统企业而言，虽然每个行业都会有很多竞争者，但对于每个参与市场竞争的个体企业而言，识别和定义自己的竞争对手还是比较容易的，比如做手机的企业很多，但小米的真正竞争对手可能就是苹果、华为、OPPO、VIVO，而金立、中兴、小辣椒、宇龙酷派可能就不是小米的竞争对手；再如开传统卖场的也很多，但苏宁的真正竞争对手就只有国美一家；又如格力的真正竞争对手是美的，而其他品牌如志高、海信、长虹、海尔、奥克斯、TCL可能就不是格力的竞争对手了。

正如前面所言，传统时代企业的竞争对手是很容易界定的，但在互联网时代，竞争对手的界定就不再那么简单了。

对于传统企业而言，什么是竞争对手？竞争对手是指在某一行业或领域中，拥有与你相同或相似资源（包括人力、资金、产品、环境、渠道、品牌等）的企业，并且该企业的目标与你相同或者相近，产生的行为会给你带来一定的利益影响。

在传统的经营意识当中，大家经常会听到一句话，叫作"羊毛出在羊身上"，只要企业清晰地知道了"羊毛"，便可顺着"羊毛"找到自己的竞争对手。

但在互联网时代，这种竞争意识已经受到了严峻的挑战，大家试想想，大概没有一家出租车公司想到滴滴打车、美团打车、神州专车会成为他们的竞争对手吧，10年前的苏宁也不会想到京东、亚马逊、当当网会成为自己的竞争对手。传统的那种"羊毛出在羊身上"的经营意识已经被"羊毛出在狗身上"这种互联网思维所打破。

互联网企业擅长在别人收费的地方免费，在别人挣钱的地方亏钱，并以此颠覆着一个又一个行业。从比特界到原子界，当广告销售不足于承担硬件成本，"零利润"成为一种新的"免费"硬件玩法——即以成本价（或略高于成本价）销售硬件。小米做手机、做盒子、做电视、做平板无一不采用了这种做法，甚至还以北京松果电子有限公司的名义得到联芯科技开发的平台技术，以进一步降低硬件的价格。

所谓"羊毛出在狗身上",不靠硬件挣钱,自然要延长价值链,创造出新的价值链来盈利。

3.新竞争: 消费者变了

(1)产品同质化。选谁都是对的。互联网时代还有一个明显的特征就是产品的同质化现象越来越严重,进而导致对于一个消费者而言选择A厂家的产品(或服务),还是选择B厂家的产品(或服务)从本质上来讲没有太大的区别,也不存在对与错,这样一来,在产品同质化的时代企业的消费群体及消费模式正在悄悄地发生改变。

企业为了解决这一问题,必须对产品持续进行优化,同时对消费群体也必须重新精准定位。传统企业的产品设计与开发更多的是基于市场调研,其实对目标客户的研究和把握还是存在一定的问题,传统企业对于目标客户的定位是一个区间,而非特定的客户群体,因此,企业在做产品定义和设计的时候也很难做到满足任何一个特定客户群体的需求。而在互联网时代,企业为了开发出更具竞争力的产品,对消费者的定位必须聚焦,消费群体定位越准,开发出来的产品竞争力就越强,客户的认同度也就越高。

(2)消费者越来越理性。从物有所值到物超所值,再到免费。自从电商兴起以来,可供消费者选择的同类产品和服务越来越多,消费者由原来的冲动消费、信息不对称消费变得越来越理性。原来消费者追求性价比,也就是我们通常所说的物有所值,但自从互联网产品逐渐推广"免费模式"以来,消费者已经不满足于物有所值,而是更加关注物超所值,而且最好"免费"。这样一来,就会造成行业竞争加剧,企业要想在这种背景之下获得成长,就必须对消费者的需求和痛点进行研究,进而设计自己的产品,提升自己的服务模式。

(3)互联网时代消费者忠诚度在急剧下降。也许男同胞们都有陪爱人逛街的经历,大家可以想想,逛街的时候从一家店逛到另外一家店需要多长时间?10分钟、半小时,也许更长。但现在的"剁手族"们在网上购物,从

A店到B店，中间可能只需要几秒钟的时间。另外，在线下购物的时候大家还会关注是哪个品牌、哪家店铺，但在网上购物的时候对这些因素的考虑可能就淡化很多了，他们关注的可能会是价格、送货及时性等。也就是说，在"互联网+"时代消费者对品牌的忠诚度在急剧下降，这就要求企业在制订年度经营计划的时候考虑如何改变自己的运营模式，避免竞争对手趁火打劫。

4.从价值链到价值环，企业价值创造模式发生了巨变

美国管理学教授迈克尔·波特提出的价值链理论认为企业内部的所有活动可以分为两大类：基本活动（价值创造活动）与辅助活动（支持价值创造活动），如图1-3所示。

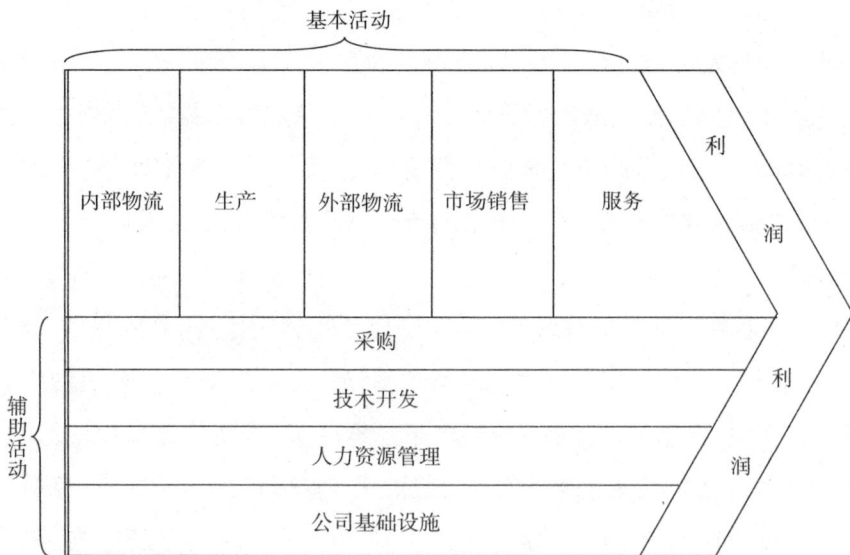

图 1-3　价值链模型

迈克尔·波特认为，企业内外价值增加的活动可以分为基本活动和辅助活动，不同的企业参与的价值活动中，并不是每个环节都创造价值，实际上只有某些特定的价值活动才真正创造价值，这些真正创造价值的经营活动，就是价值链上的"战略环节"。企业要保持的竞争优势，实际上就是在价值链某些特定的战略环节上的优势。运用价值链的分析方法

来确定核心竞争力，就要求企业密切关注组织的资源状态，要求企业特别关注和培养在价值链的关键环节上获得重要的核心竞争力，以形成和巩固企业在行业内的竞争优势。

迈克尔·波特的价值链模型为传统企业规划业务和盈利模式提供了很好的思路和帮助，是企业进行价值链选择和业务布局非常好的工具和方法。迈克尔·波特指出，企业要想获得最大化的收益，可以思考从以下4个方面进行创新：

（1）是否可以在降低成本的同时维持价值（收入）不变。

（2）是否可以在提高价值的同时保持成本不变。

（3）是否可以在降低工序投入的同时保持成本收入不变。

（4）更为重要的是，企业能否可以同时实现（1）（2）（3）条。

迈克尔·波特的价值链模型对于传统企业建立自身竞争优势起到了积极的作用，但在互联网时代，价值链模型出现了一些明显的缺陷。

随着互联网的发展，以大数据、云计算等为基础，以客户为中心，拉近客户、厂家与供应商之间的无缝连接，已经彻底改变了传统企业"技术研发—采购供应—生产制造—市场营销—经销商—客户"的经营模式，转而变为"客户+技术研发—客户+采购供应—客户+生产制造—客户+市场营销—客户+仓储物流—客户+客户服务"的经营模式。在这种经营模式下，客户越来越多地参与到企业运营甚至企业价值创造的各个环节，因此，在互联网时代企业的价值链模型必须重构，在本人的拙作《互联网时代业务流程再造》（中国经济出版社，2015年版）一书中创造性地提出了价值环模型，价值环模型认为不论是企业的核心业务活动，还是辅助支持类活动都必须紧紧围绕客户需求挖掘、客户需求最大化满足展开，任何不关注客户需求的活动都会存在巨大的风险，同时任何对于客户需求挖掘、满足等起不到贡献的业务活动对企业来讲都是毫无价值的。

如图1-4所示，不论是产品研发、生产制造、市场营销、仓储物流、客户服务这些在价值链模型当中的基本活动，还是采购管理、品质管理、设备管理、工艺管理、品牌管理、仓储管理、财务管理、HR管理、基础管理等辅助活动,都必须紧紧盯着客户这一核心。

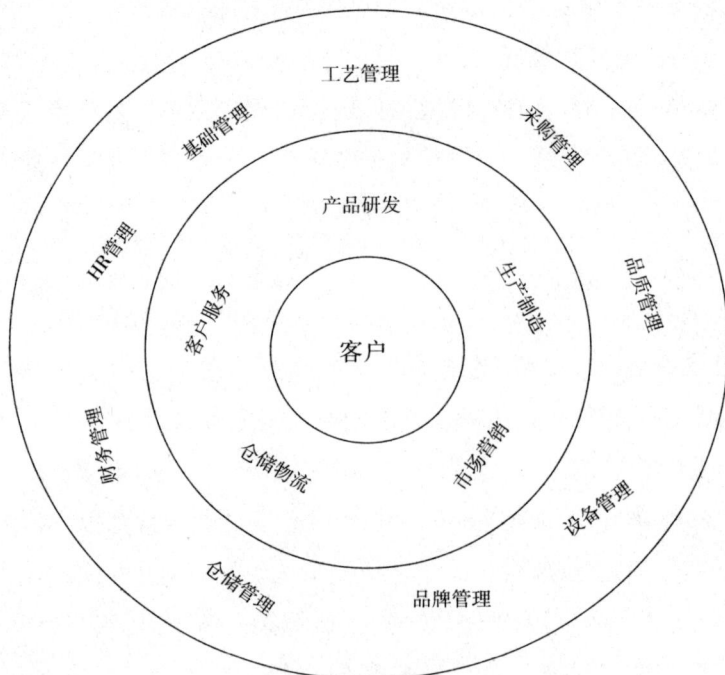

图 1-4 价值环模型

通过以上对于价值链和价值环的对比分析,大家不难看出,互联网时代企业的价值判断和价值创造模式也发生了翻天覆地的变化,原来大而全的经营思路正遭受前所未有的挑战。

5.从产品型企业到平台型企业,再到生态型企业

传统企业靠单一产品赢得市场,企业内部的供应链是线性的,即"供应—研发—制造—销售—服务—客户",这种模式最终由客户买单,然后再由价值创造的各个环节进行利润分享,随着企业经营微利时代的到来和互联网浪潮的冲击,传统企业就如夹心饼干,受到来自市场和供应商的双重压力,一方面供应价格不断上涨,另一方面销售价格越来越低,在这种情况下,越来越多的企业开始关注并重视价值链整合,因为对于任何一家企业而言,价值链整合能力的提升,意味着成本的减低,企业利润的增加。难怪有人提出,现代企业的竞争不再是企业个体之间的竞争,而是企业供应链之间的竞争,甚至是供应链生态圈之间的竞争。

在这种大势之下,平台型企业就应运而生了,面对残酷的竞争,企业之间,特别是上下游之间究竟是竞争,还是合作? 这已经成为摆在很多中国企业面前很现实的问题了。如果企业采取竞争,势必会导致供应链上下游企业之间的不断博弈和敌对;但如果选择合作,则有可能变得更加强大,强强联合,从而给整个供应链的各个企业都带来丰厚的回报。

然而,企业要想真正运营好价值链上下游,并成为一家平台型企业又面临诸如平台企业之间价值认同、价值创造评判、利益分配规则等一系列现实的问题,如何才能突破这一瓶颈,构建跨价值链的生态体系就显得非常有必要,生态型企业便因此诞生了。下表是产品型企业、平台型企业及生态型企业对比。

表 产品型企业、平台型企业及生态型企业对比

	产品型企业	平台型企业	生态型企业
诞生背景	传统时代	互联网时代	"互联网 +"时代
组织模式	职能式组织模式	哑铃型组织模式	多元化、多中心组织模型
市场策略	挖掘市场缝隙、广告宣传、市场推广	充分利用供给侧或者需求侧组成双边、多边市场	打造价值平台,塑造生态圈
价值创造	满足客户需求	弯曲价值链,缩短供应链两端的距离	打破并重组产业边界,塑造立体价值网络
核心价值	追求客户体验	整合、共赢	跨界、共生、平衡

6.没有一劳永逸的管理方法

当80后、90后已经成为社会就业主体的时候,传统企业管理模式也需要进行相应地调整,因为80后、90后不论是受教育背景、家庭条件、时代观念、消费能力、价值观、人生观都与60后、70后存在巨大的差异。还有一个非常明显的区别在于80后、90后被称为互联网"土著",他们生长在互联网大发展的时代,他们更加主张自我,同时个性也具有明显的互联网特征(如小资、任性、自我、有态度、有意思、时尚、好玩、张扬个性等)。随着管理对象的改变,企业原来有效的管理方法也需要不断进行调整和优

化。另外，随着阿米巴经营模式、事业合伙人机制不断成熟，企业必须将自己打造成为一个集创新、创业、资源共享、价值共创、利益分享的平台，过去单靠工资、绩效或者奖金的激励方式早已与时代格格不入了。

7.互联网转型：增加企业经营的不确定性

面对互联网时代和互联网经济的冲击，很多企业开始思考进行互联网转型。特别是近五年来，用户至上、粉丝经济、平台思维、流量思维、极致思维、大数据思维、免费模式等，仿佛一瞬间传统企业优质的产品、满意的服务、高超的资本运作手段、完善的产品研发与制造体系都不再重要，全部被互联网思维的潮水所淹没，很多企业跃跃欲试，但又不知道转型之路在哪里。正如有人所讲的，传统企业不转型是"等死"，传统企业转型是"找死"。

在互联网转型的过程中，不管是思维转型、战略转型、商业模式转型、产品转型、营销模式转型、供应链模式转型，还是财务模式转型、人力资源转型都对企业的经营增加了很多不确定性，而这些不确定性在很大程度上又增加了企业问题的复杂性。

综上所述，时代不同、管理对象不同、产品模式不同、竞争模式不同了，价值创造模式也就不同了，企业所面临的问题也在无时无刻不发生天翻地覆的变化。

第二章

问题产生的 7 种可能和发现
问题的 7 种方法

企业问题产生的7种可能

发现问题常用的7种方法

企业常见问题的72种症状

一、企业问题产生的7种可能

再复杂的问题，都有其产生的根源，我们把企业问题产生的可能性归结为7个方面，分别为方向不明、目标不清、责任不明、方法不对、能力不足、意愿不强、氛围不正。如图2-1所示。

图 2-1　问题产生的 7 种可能

1.方向不明

企业很多问题的产生都源于对发展方向定位不清楚，导致企业决策捉摸不定，员工行动忽左忽右、摇摆不停。

为了能够说明这个道理，我给大家讲个巧媳妇的故事。

某村里有位姑娘心灵手巧，大家都叫她巧姑娘，等巧姑娘嫁人之后就变成了巧媳妇了，但巧媳妇有三个婆婆（婆婆、太婆婆、太太婆婆）。巧媳妇烧好了饭，婆婆说：盐太淡；太婆婆说：太咸；太太婆婆没牙，说：饭太硬嚼不动。好不容易闲下来，婆婆让她去纺纱，太婆婆让她去织布，太太婆婆啥也不说，直摇头……几年下来，巧媳妇变成了"笨媳妇"。

生活当中如此，其实在企业里面也是大同小异，企业常常因为经营方向不明确，导致内部员工像无头苍蝇，无所适从，入职的时候都是"巧员工"，时间长了都变成了"笨员工"。

深圳有家实体企业想做互联网转型，有些人认为平台开发最关键，有些人认为圈粉很重要，有些人认为做大流量是根本，还有些人认为开发令客户尖叫的产品最靠谱，就在大家对未来把握捉摸不定的情况下，基层员工无所适从，大量离职，错失了大好的发展机遇。

再如杭州有家企业，爷爷是董事局主席、爸爸是股份公司董事长、儿子是股份公司总经理，在确定公司发展战略的问题上，"泥腿子"爷爷说要坚持专业化，"土鳖"爸爸说要坚持多元化，"海归"儿子说要国际化，在三代"老板"的指挥下，下属员工只能谁的嗓门大就听谁的。

以上都是典型的由于对方向定位不明确导致企业发生种种问题的例子。

2.目标不清

经营企业要有清晰的目标，目标模糊、目标过高、目标过低，或者目标发生偏移都有可能导致问题发生，这些目标可能来自于对未来发展的描述，也可能来自于对日常经营阶段性成果的量化（如订单交付周期、新产品开发周期、生产计划达成率、采购成本下降等），还有可能来自于对客户诉求的精准描述，不管怎么样，只要目标不清晰就可能造成员工理解不到位、行动不一致的情况发生。

我们曾经为宁波一家企业提供年度经营计划咨询服务，在调研员工对公司年度经营目标的看法时，这家公司的员工告诉我们，他们公司从成立到现在一共18年，在过去18年当中公司老板确定的年度经营目标从来没有实现过。如果每年的目标都不能实现，就意味着员工18年都基本上不会领到什么奖金，那么员工的自信心以及工作积极性一定会受到很大的影响。

3.责任不明

企业问题的产生还有一种可能就是责任划分不明确，多个责任主体共同负责一件事情的最终结果就是谁也不负责。另外，在内部进行责任划分的时候，很多企业往往由于没有按照"横向到边、纵向到底"的原则对各项职能进行系统分工，造成企业内部存在很多责任真空与模糊地带。

很多人都听说过这样一个故事：

有个小女孩从学校回来，试了一下妈妈买的新校服，发现裤子长了5cm，在吃完饭的时候她就把这件事告诉了家人。等小女孩睡觉后姐姐记起了这件事情，她就按照小女孩说的把校裤剪短了5cm，然后就去睡觉了。妈妈忙完家务睡觉前也记起了裤子比较长的问题，妈妈也拿起剪刀剪短了5cm。第二天一早，奶奶第一个起床，她也记起了这件事，奶奶怕耽误小女孩上学，急急忙忙也把裤子剪短了5cm，再缝好。等到小女孩起床穿上裤子后发现，前一天长了5cm的裤子反而短了10cm，长裤变成了七分裤。

类似小女孩遇到的问题在很多企业层出不穷，很可能每天都在上演，归根结底都是由于责任没有分清楚造成的。

很多企业会经常遇到因客户欠款而付不出来造成呆坏账的事情，但很少有企业会遇到因供应商欠款而无法支付造成呆坏账的事情。2017年我们在贵州辅导一家企业进行经营业绩提升的时候发现，供应商欠这家企业两千多万元货款而无法追回，原因就在于采购部门预付款给供应商，供应商又久久没有供货，最终由于这家供应商倒闭造成了呆坏账。这件事情的责任表面上看似乎在采购部门，但财务部门、计划部门、仓储部门、审计部门同样要负失职之责。

4.方法不对

我们经常说：方法得当，事半功倍；方法不当，事倍功半。这句话证明了方法的重要性，在本人的拙作《学管理 用管理 会管理》（中国经济出版社，2016年版）中提到：优秀的管理者能够随人、随事、随时、随地地实施管理，针对不同的管理对象、不同的事情、不同的时间、不同的场合都应该采取不同的管理方法。处理任何事情都是这样的，正确的方法很大程度上决定处理事情的结果。

有一个业主家里的水管损坏了，他先自己动手修理，在磨破手指、敲碎瓷砖却仍然没有搞定之后，终于决定打电话叫水电工来。水电工到达以后，先检查水龙头，然后到地下室看了看主要的水管，他只花了几分钟检查水管，然后从工具箱里取出一把橡胶槌子对着水管轻轻一敲，啪的一声，水龙头的水流出来了。临走前他写下账单：水管修理费50元。业主火冒三丈："这简直是抢劫！你只不过是敲了敲水管，这我也做得到。"水电工回答："是的，你也会做，但是你却没这样做。而且，如果你这样做，很可能会把水管敲破。"业主要求水电工开一张逐项说明的账单。于是水电工开出了如下账单：维修交通费10元，选择工具敲打水管2元，知道敲哪儿以及如何敲打37元，敲打水管1元，合计50元。

这个故事的精髓在哪里？每个人都会敲水管，但是唯有专业人士能真正了解问题在什么地方，然后选择正确的工具作业，并且知道敲哪里以及如何敲，这就是用正确的方法做事的最佳例证。

在企业内部我们经常会看到很多低能力的员工花了很长时间做一件事情，结果是浪费了时间、精力及公司提供的资源，但由于方法不对，最终做出来的结果远没有达到企业的期望。

5.能力不足

很多企业在用人方面觉得低能力的人工资低，所以总喜欢采用低能高岗的用人模式，殊不知，一个低能力的人与高能力的人相比，虽然高能力的人的用工成本会高，但高能力的人的工作效率、工作质量也是低能力的人无法比拟的，这是企业能力不足的一种表现；另外一种表现是企业臆想着让一个60分能力的人去干一件要求80分能力的人干的事情，还要做出100分的工作业绩，这显然不合理；还有一种表现则是很多企业在确定战略、规划新业务的时候很少评估现有团队的能力，也很少先提升团队能力再实施高要求或者具有挑战性的新业务，结果由于能力不足而导致项目失败、目标无法达成。以上种种都是由于能力不足造成的问题。

6.意愿不强

面对企业的问题，很多人袖手旁观，视而不见；也有人觉得事不关己，高高挂起；还有人总是喋喋不休地抱怨，以上这些都不是积极解决问题的态度。

全美国最受尊崇的心理学家威廉·詹姆斯曾经说过：我们的时代成就了一个伟大的发现——人类可以通过改变自己的态度进而改变自己的人生。企业也是如此，企业内部的所有人员可以通过改变自己的态度和意愿提升企业的管理水平和经营能力，进而改变自己的人生。

2018年俄罗斯世界杯已经落幕，国足又一次倒在了2018年俄罗斯世界杯决赛阶段的门槛边，国足主帅里皮认为如果让他早点接手国足，也许就能带着国足跨入世界杯决赛圈，在里皮看来现在的国足从实力上来讲不能说是世界一流的球队，但也不至于踢得这么难堪，什么原因呢？在我看来一个很重要的原因就是意愿，正如2001年带着国足打进韩日世界杯决赛圈的国足主帅米卢曾经说过的：态度决定一切。

7.氛围不正

意愿不强是指员工个体的态度问题，而氛围不正则是指团队士气的问题，很多公司都笼罩着一层不求上进、互相推诿、各自为战、有成就则争夺功劳、遇到问题就一走了之、各扫自家门前雪的"阴霾"，整个团队死气沉沉，集体抑郁，这是企业问题当中最严重，也是最可怕的问题。

二、发现问题常用的7种方法

企业问题产生有7种可能，通过问题产生可能性分析，我们可以轻而易举地找出企业的问题。同时，企业的问题有很多种类型（战略性问题与战术性问题、发展型问题与维持型问题、管理问题与业务问题、例行性问题与例外性问题、系统性问题与职能性问题、紧急性问题与重要性问题、决策性问题与执行性问题、人的问题与事的问题等），也有很多种来源（客户、供应商、竞争对手、兄弟部门、下属、上司、自己），不同的问题呈现方式也存在差异（已知的问题与未知的问题、显性的问题与隐性的问题、员工层面的问题与公司层面的问题等），企业如何才能发现这些问题是很关键的，根据我们多年的工作经验，我们把企业发现问题的常用方法归结为以下7种，分别为问卷调查、绩效分析、资料查阅、结构化访谈、标杆分析、头脑风暴、现场观察。

1.问卷调查

问卷调查是最常见、也是应用最广泛发现问题的方法,员工满意度调查、员工敬业度调查、外部客户满意度调查、内部客户满意度调查、渠道满意度调查、管理成熟度调查、组织温度测评、培训需求调查等都是典型的问卷调查。

问卷调查主要用于定量分析,调查问卷由于是事先设计好的,因此调查过程的标准化程度是非常高的,避免了主观和人为因素对信息收集过程的影响。

企业在选择用问卷调查发现问题的时候需要注意以下几点:

(1)确定调查内容。在设计问卷之前首先要明确调查内容,因为针对不同的调查内容,问卷设计会有所不同。调查内容一定要与企业的经营需求密切相关,我们试想一下,如果企业经营重点是制造,那么我们在做调查设计的时候,就一定要以制造管理为主;假如企业的经营重点是研发和品牌,那么我们在进行问卷设计的时候,研发管理及品牌管理则是重点,千万不能不分重点。

(2)设计调查问卷。首先要将与调查有关的问题尽可能地列出来,然后再逐个推敲筛选,决定问卷选用的问题。所选的题目一则必须符合客观实际;二则必须是围绕调查目的的必要题目,问卷的设计过于简单或过于繁琐都不行。

问题的排列组合方式,一是要按问题的性质或类别来排列;二是要按问题的难易程度来排列,要从易到难,由浅入深。

问题的表述,第一,要注意语言的简洁性、通俗性;第二,要做到每个问题只描述一种现状,而不能在同一个问题中涉及两个或多个现状。

另外,问题的描述一般有3种方式:

①以中立的立场描述被调查问题的现状,然后由被调查者根据自己的亲身体会和对企业在该问题涉及纬度的现状与问题描述进行对比,如果问题描述的现状与员工的感知符合,则评价为"3分",如果超出员工期望,则

可以评价为"4分"或者"5分"，反之，评价得分为"2分"或者"1分"。

②问题的描述是一种企业期望的理想状态，被调查者根据问题描述与现状的符合程度进行评价，如问题描述状况与企业实际完全相符，则评价得分为最高"5分"，反之，根据不符合的程度，得分相应降低。

③问题的描述是企业最不愿意看到的一种状态，被调查者根据问题描述与现状的符合程度进行评价，如问题描述状况与企业实际完全相符，则评价得分为最低"1分"，反之，根据不吻合的程度，得分相应增加。

（3）确定调查对象。不同的调查问卷适用对象是不同的，例如基于组织特征的管理成熟度需要选择公司职位在中层以上以及老员工、核心员工作为调查对象会更加客观；而基于价值链的管理成熟度和基于卓越绩效的管理成熟度在选择调查对象的时候，可能要有差异和针对性；选择对某一个纬度或某几个纬度非常了解的人去评价，而不是选择所有的评价人对所有的纬度都进行评价，这样会更加客观和公正。同样，针对员工满意度调查时也需要将老员工与新员工、职位高的员工与职位低的员工、不同职位族的员工分开调查，效果会更好，发现的问题也会更加真实。

（4）分析调查结果。问卷调查结果分析可以说是采用问卷进行问题发现的重中之重，如果采用分析方法不当，会对整体问题呈现的客观性大打折扣。根据统计学原理，分析方法有很多，如回归分析、方差分析、因素分析、群体分析等，但是并不是方法越多、越难就越好，而是要看这些方法如何适用于调查的需要，可以灵活应用从而提供更翔实、更科学的数据分析信息。

（5）发现存在问题。根据问卷调查结果，企业可以按照不同群体、不同调查内容最终所得分数发现存在的问题，比如说企业可以通过满意度得分最低的维度发现自身存在的问题，也可以通过管理成熟度得分最低的维度发现自身存在的问题，还可以通过大多数员工的选择发现培训存在的问题等。

2.绩效分析

企业可以通过KPIs（基于战略的关键绩效指标）、KPIp（基于流程的关键绩效指标）、KPIo（基于职能的关键绩效指标）对战略绩效、流程绩效、职能绩效进行评价, 进而发现企业存在的问题, 还可以通过KCIa (基于态度的关键素质指标)、KCIs (基于能力的关键素质指标)、KBI (关键行为指标) 对员工综合素质及行为标准进行评价, 进而发现员工自身存在的问题。

3.资料查阅

对企业现有资料、外部相关资料的查阅和收集也是发现问题的重要渠道之一, 通过对企业过去经营过程中积累的资料的查阅和收集, 可以看到企业发展轨迹, 同时对企业的经营及管理也可以有一个全面的了解和认知。

通常情况下, 资料查阅前需要详细规划查阅资料清单、资料提供部门、资料呈现方式等, 并要求资料提供部门事先准备好, 以便备查。

【案例2-1】深圳某企业杜邦财务分析指标结果 (图2-2)

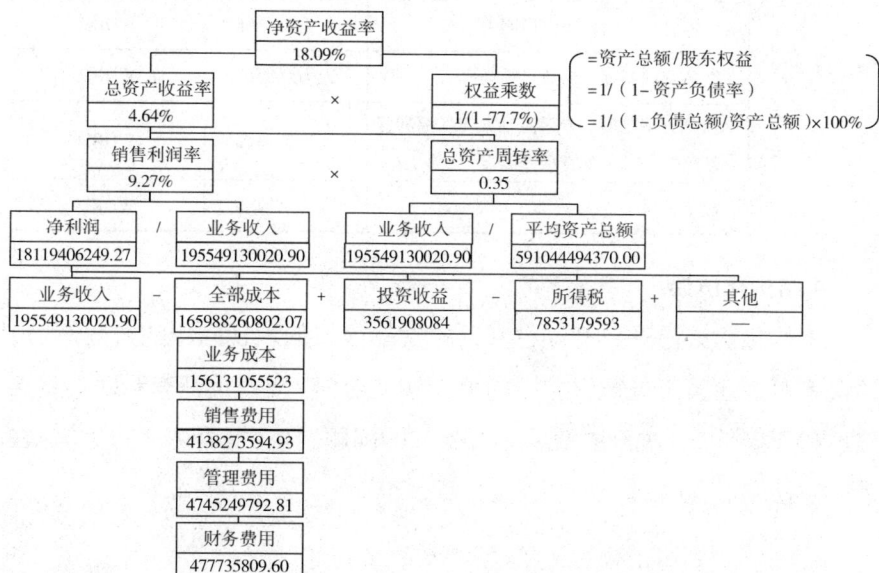

净资产收益率 18.09%

总资产收益率 4.64% × 权益乘数 1/(1-77.7%)

= 资产总额/股东权益
= 1/ (1- 资产负债率)
= 1/ (1- 负债总额/资产总额)×100%

销售利润率 9.27% × 总资产周转率 0.35

净利润 18119406249.27 / 业务收入 195549130020.90

业务收入 195549130020.90 / 平均资产总额 591044494370.00

业务收入 195549130020.90 - 全部成本 165988260802.07 + 投资收益 3561908084 - 所得税 7853179593 + 其他 —

业务成本 156131055523

销售费用 4138273594.93

管理费用 4745249792.81

财务费用 477735809.60

图 2-2　深圳某企业 2015 年杜邦财务分析

从图2-2可以看得出来, 该企业2015年总资产收益率仅为4.64%, 总资产周转率为0.35, 资产负债率为77.7%。

【案例2-2】重庆某企业经营问题分析资料查阅清单（表2-1）

表 2-1　重庆某企业经营问题分析资料查阅清单

资料类型	资料清单	提供部门	资料形式
战略管理类	企业发展历程、大事记	企业管理部	视频、印刷品、PPT
	2016 年、2017 年、2018 年年度经营计划	企业管理部	PPT
	企业发展战略规划资料	企业管理部	PPT
规范化管理类	公司核心业务流程分册	业务部门	WORD
	公司年度财务预算	财务管理部	EXCEL
	公司质量手册	品质管理部	WORD
人力资源类	人力资源统计报表	人力资源部	EXCEL
	组织结构、职权手册	人力资源部	WORD
	组织管理手册、岗位说明书	人力资源部	WORD
	绩效管理制度、绩效指标词典	人力资源部	WORD
	薪酬管理制度、专项激励方案、福利管理办法、年终奖金管理办法	人力资源部	WORD
	员工手册	人力资源部	WORD

4.结构化访谈

结构化访谈是一种互动性和目的性都很强的发现问题的方法，通过访谈者对企业员工进行引导性的提问和交流，获取对诊断有帮助的直接信息和间接信息，进而去发现企业存在的问题。为了提高访谈的信度，在进行访谈的过程中，一定要注意以下几点：

（1）把握访谈原则。

①以被访谈者陈述为主，避免喧宾夺主。

②尊重被访谈者，鼓励其表达真实想法。

③提问要有连贯性，避免跳跃性提问。

④注意访谈时间，切忌陈词滥调。

（2）做好充分的访谈准备。了解被访谈者的基本情况，诸如所在部门、所处管理层级、岗位名称、姓名等；根据被访谈者的实际情况，结合访谈提纲准备有针对性的访谈题目。

（3）控制访谈过程。营造和谐的访谈气氛。访谈者可以通过自我介绍、访谈项目介绍、访谈时间安排说明等让被访谈者了解访谈目的。

及时总结被访谈者的立场和观点。根据被访谈者回答情况，及时陈述所提问题及被访谈者的观点，并得到被访谈者的确认。

随时记录访谈内容。根据被访谈者的回答随时做好相关记录，同时保证记录的真实性和完整性。

（4）掌握必要的访谈技巧、发问技巧。针对不同的访谈对象和不同的访谈主题，需要选择不同的发问技巧，一般来讲，需要被访谈者确认的问题，可以选择封闭式的发问技巧；需要被访谈者就某项问题表达自己观点的问题，就需要选择开放式的发问技巧。

打破尴尬。当遇到很内向的被访谈者时，访谈者需要掌握调动被访谈者谈话积极性的技巧；当遇到过于外向的被访谈者时，访谈者要学会及时打断话题，引入正题。

（5）及时整理访谈记录。记录是访谈的重要成果，一般在当天的访谈结束后，调研人员应及时整理好访谈记录，形成正式的访谈日记，交项目组长审阅与备案，项目组长根据访谈的质量和效果决定是否需要安排补充访谈，并对一些模糊不清的问题和特殊事件进行澄清和确认。

【案例2-3】深圳某企业结构化访谈提纲

第一部分：发展战略问题结构化访谈提纲

1. 公司的使命/愿景是什么？请谈谈公司3~5年的发展战略及经营目标。

2. 你认为公司过去经营成功的主要原因是什么，这种成功要素能否使企业在未来得到持续的发展？

3.公司所在行业的发展态势如何？公司打算未来如何参与行业竞争？自己的优势有哪些？劣势又是什么？

4.谈谈公司内部各个职能（财务、营销、研发、生产、人力资源管理等）在公司总体运作和发展中的作用是否充分发挥？有哪些阻碍其职能发挥的因素（人员素质、制度健全、企业发展阶段、组织结构、管理风格等）？

第二部分：企业文化问题结构化访谈提纲

1.公司历史沿革在企业经营和企业文化方面有哪些成功的经验？对现在有哪些积极的影响？还有哪些失败的教训？

2.请介绍一下公司的核心价值观、经营理念、工作作风等。

3.公司目前对待社会、员工、客户、产品质量、危机、竞争、学习、创新等的意识如何？

4.请你讲2~3个能反映公司文化的故事。

第三部分：人力资源规划和配置问题结构化访谈提纲

1.公司有清晰的人力资源规划吗？公司的人力资源规划是如何制定的？

2.现有人力资源的配置是否和公司的长期发展目标相匹配（员工年龄、流动率、素质）？

3.人力资源部门的职能是否得到了充分的发挥，人力资源部门和其他部门是否充分沟通交流，如何沟通？直线部门和人力资源部门的职责划分和权限如何？

4.近两年人员流动率是多少？人员流动的原因是什么？哪些人流失，对他们流失您的态度如何？流失人员都去哪里了？

5.招聘程序是否健全？当公司关键岗位有空缺，能不能及时得到补充？

第四部分：组织结构问题结构化访谈提纲

1.公司流程体系健全吗？你觉得公司的整体运作效率如何？问题主要在哪里？

2.部门之间的协调通常是他们自己解决,还是需要公司高层参与协调?公司在部门之间的协调方面有哪些具体的渠道?

3.你觉得目前的公司组织结构足够精简吗?公司目前的组织结构能支撑公司发展战略的实现吗?如果不能,问题在哪里?如何改进?

第五部分:流程管理问题结构化访谈提纲

1.你觉得公司核心业务流程包括哪些?运作状况如何?存在什么问题?

2.你认为公司在管理控制方面(包括品质、财务、研发等)流程运作效率如何?存在什么问题?

3.与流程相关的制度、表单更新及时吗?多长时间更新一次?运行效果如何?

第六部分:绩效管理问题结构化访谈提纲

1.公司的年度经营目标清晰吗?公司目前是如何将经营目标进行分解的?

2.公司已经建立了完善的绩效管理体系吗?对研发、销售、职能、生产部门的考核办法效果如何?其中对中高管理层的考核效果如何?

3.公司的考核体系由哪个部门负责推行实施,参与者有哪些?考核期限、考核标准如何制订?考核标准是否合理?考核的内容是否充分?能否起到考核所应有的作用?

4.你觉得公司目前的绩效管理体系还存在什么问题?如何改进?

第七部分:薪酬管理问题结构化访谈提纲

1.你认为公司的薪酬体系的科学性、合理性如何?你认为各级、各类员工目前待遇水平如何,高或低,与谁比较(与其他同行业、同地区企业、公司内部门之间、层级之间比较)?

2.你认为公司的薪酬体系对高层管理者中长期激励的作用如何?如何改进?

3.公司的社保、福利政策是否健全？如何改进？

第八部分：员工培训及队伍建设问题结构化访谈提纲

1.公司有无培训计划？公司为员工提供如外派学习、岗位交流、员工培训等是否经常？这方面的培训是否需要增加？在哪些方面增加？

2.有无培训制度？培训经费如何确定？谁来决定使用？培训人员教师来源？

3.公司有无培训工作的评价、反馈制度和手段？

4.你认为各级员工的培训有必要增加吗？对我公司的发展有多大的影响？

5.公司现在有无管理人员的聘任（或任用）制度？

6.管理人员任用的标准是什么？

7.晋升体系是否使员工有充分的发展空间？（公司是否同时有几条跑道？如管理、技术、营销等）

8.有无员工在职务晋升方面认为不公平？在这方面您认为公司内部有哪些不公平现象？

第九部分：其他问题结构化访谈提纲

1.你认为企业未来需要进行管理变革吗？如何进行变革？成功的关键和面临的困难有哪些？

2.你认为企业在人力资源管理方面最需要解决的三个问题是什么？

5.标杆分析

标杆管理源于20世纪70年代末到80年代初，在美国学习日本的运动中，首先开辟标杆管理先河的是施乐公司。施乐公司将标杆管理定义为"一个将产品、服务和实践与最强大的竞争对手或是行业领导者相比较的持续流程"。企业可以借鉴标杆企业在解决相应问题时候的思路和工作办法，找出自身的不足与问题，探索新的处理问题的方法。

常言道：榜样的力量是无穷的。通过与标杆的对比可以知道自身的差距在哪里，帮助企业少走弯路，缩短追赶先进的时间，减少企业的风险成本与管理成本；

进行标杆分析时，主要有选标、对标、超标三个步骤，其具体含义如下：

（1）选标。向业内或业外的最优秀企业进行学习。

（2）对标。不断寻找和研究一流公司的最佳实践，并以此为基准与本企业进行比较、判断和分析，从而使自身得到不断提高和改进，进入赶超一流企业、创造优秀业绩的管理循环过程。

（3）超标。通过学习，企业重新进行思考和改进经营实践，创造自己的最佳实践方法。

利用标杆分析发现问题的时候也需要注意以下几点：

（1）标杆选择切忌越高越好。标杆的选择讲究适度，千万不要一味拿行业顶尖的企业作为自己对标对象。

（2）切记照搬照抄。任何成功的经验都不能盲目照搬，因为任何企业都有自身的特殊情况，如果完全照搬很可能导致水土不服。

6.头脑风暴

头脑风暴法又称智力激励法，1939年由美国BBDD广告公司的经理亚历克斯·奥斯本发明，最初用在广告的创新上，1953年总结成书。这是世界上最早用于实践的创造技法，此法经各国创造学研究者的实践和发展，至今已经形成了一个发明技法群，如奥斯本智力激励法、默写式智力激励法、卡片式智力激励法等。奥斯本发现传统的商业会议制约了新观点的生产，提出了帮助激发观点产生的规则；再找寻把自由赋予人们思想和行动，以激发产生新观点的规则，逐渐变成"头脑风暴"而闻名于世。学习和掌握这一方法，不仅能培养员工的创造性，还能提高工作效率，塑造一个富有创造性的工作环境。

企业运用头脑风暴发现问题的过程中需要注意以下几点：

（1）注意坚持头脑风暴的原则。

①没有对观点的批评。

②追求观点的数量。

③在彼此的观点之上建立新的观点。

④鼓励狂热的、夸张的观点。

⑤不准参加者私下交流，以免打断别人的思路。

（2）选择合适的头脑风暴方法。头脑风暴分为传统头脑风暴、高级头脑风暴、默写式头脑风暴、卡片式头脑风暴，选择不同的头脑风暴方式，对发现企业问题的深度和广度都会有很大的影响。按照我们的实践经验，用传统头脑风暴、高级头脑风暴发现问题效果并不好，因为很多人碍于面子，不可能在大庭广众之下暴露自己的问题，而如果采用默写式头脑风暴、卡片式头脑风暴效果则会好很多。

①默写式头脑风暴，又称"635"法。它是由德国学者荷立根据本民族善于沉思的性格，以及由于数人争着发言易使点子遗漏的缺点而创立的。

默写式头脑风暴由六人参加，主持人在会上阐明议题。与会者每人发三张卡片，在第一个五分钟内，每人针对议题在三张卡片上各写上一个点子，然后传给右邻；自第二个五分钟内，每人从传来的卡片上得到启发，再在三张卡片上各写一个点子，之后再传给右邻。这样继续下去，经过半小时可传递六次，共得6×3×6=108个点子。由于这种方法是六人参加，每人三张卡片，每次五分钟，因此得名"635"法。

②卡片式头脑风暴，卡片式头脑风暴由日本创造开发研究所所长高桥诚创立，其特点是对每个人提出的设想可以进行质询和评价。

卡片式头脑风暴由3~8人参加，会前宣布课题，会议时间为一小时。会上发给每人50张卡片，桌上放200张卡片备用。在头十分钟内与会者独自填写卡片，每张卡片填写一个设想。接着用30分钟，按座位每人轮流表述自己的设想，一次只能介绍一张卡片，其他人即可质询。最后20分钟，大家可以相互评价和探讨各自的设想，从中诱发出新设想。

7.现场观察

现场观察也是进行企业问题调查与分析的方法之一，通过工作（生活、生产）现场的观察，可以直接感受公司的文化氛围、员工士气、工作（生活、生产）环境、劳动保护、企业宣传等，同时在现场观察的过程中，也可以通过与员工交流，获取相关的有用信息。

如可以去生产现场观察公司5S管理现状，进而感受企业员工整体素质，以及企业对产品品质的追求；也可以去公司食堂观察企业对员工关怀方面做得怎么样。

根据问题产生的7种可能，以及发现企业问题的7种方法，我们对不同问题的发现工具和方法对应归总如表2-2所示。

表 2-2　不同问题发现方法对应

问题产生的7种可能	发现问题的常见方法						
	问卷调查	绩效分析	资料查阅	结构化访谈	标杆分析	头脑风暴	现场观察
方向不明		√	√	√		√	
目标不清		√	√	√	√		
责任不清	√		√		√	√	
方法不对	√	√		√			√
能力不足	√	√		√			√
意愿不强	√	√		√			√
氛围不正	√	√					√

当然，不同的方法在发现问题的时候企业还需要根据自己的实际情况因地制宜地加以选择，如图2-3所示。

01 方向不明	1.1 市场分析 1.2 国家政策 1.3 行业分析 1.4 经营检讨 1.5 战略回顾
02 目标不请	2.1 经营检讨 2.2 KPI分析 2.3 资源评估 2.4 资料分析 2.5 标杆分析
03 责任不清	3.1 管理成熟度 3.2 标准问卷分析 3.3 述职会议 3.4 岗位职责 3.5 部门职能 3.6 标杆分析
04 方法不对	4.1 KPIp分析 4.2 问卷调查 4.3 现场观察 4.4 技能比武 4.5 标杆分析
05 能力不足	5.1 任职资格 5.2 技能比武 5.3 360度评价 5.4 素质评价 5.5 胜任力测试 5.6 关键行为
06 意愿不强	6.1 敬业度测评 6.2 满意度评价 6.3 员工访谈 6.4 360/180
07 氛围不正	7.1 组织氛围测试 7.2 客户满意度 7.3 现场观察 7.4 外部调查

图 2-3　发现问题的常见方法

三、企业常见问题的72种症状

可以这么说，不同行业、不同规模、不同发展阶段，企业存在的问题都是不同的。就如我们去医院看病，医院把常见的病症按照内科、外科、五官科、内分泌科等分成多种诊室，企业内部也是一样，我们按照职能领域把企业常见的问题归结为以下72种，分别为：

（1）企业战略层面常见问题及症状5种。分别为战略迷失症、战略狂躁症、战略多动症、战略幼稚症、战略速成症。见表2-3。

（2）营销层面常见问题及症状10种。分别为明星大牌症、盲目推广症、渠道背叛症、渠道无利症、渠道萎缩症、盲目承诺症、适销错路症、订单滞后症、促销不当症、客诉无门症。见表2-4。

（3）研发层面常见问题及症状5种。分别为盲目立项症、批量自杀症、孤芳自赏症、仓促量产症、一劳永逸症。见表2-5。

（4）供应链层面常见问题及症状10种。分别为计划混乱症、盲目采购症、物料呆滞症、物料损耗症、现场糟糕症、工艺失控症、品质过剩症、品质失控症、设备陈旧症、盲目扩产症。见表2-6。

（5）财务与投资管理层面常见问题及症状11种。分别为成本高企症、资本缺乏症、盲目投资症、盲目融资症、应收膨大症、应付拖拉症、资金呆滞症、固定资产肥大症、利润虚盈症、利润虚亏症、预算失控症。见表2-7。

（6）组织与人力资源管理层面常见问题及症状11种。分别为权责不清症、组织痴呆症、组织弱视症、组织肥胖症、功能障碍症、个人卫队症、控制失灵症、人走茶凉症、人才流失症、"套娃"效应症、激励缺失症。见表2-8。

（7）企业文化层面常见问题及症状9种。信仰缺失症、组织抑郁症、士气低落症、员工缺德症、能人主义症、苦劳疲劳症、文化速成症、文化抽风症、山头文化症。见表2-9。

（8）信息管理层面常见问题及症状5种。分别为信息孤岛症、信息私有症、信息堵塞症、信息碎片症、企业失忆症。见表2-10。

（9）综合管理层面常见问题及症状6种。分别为抽风运动症、文山会海症、流程不畅症、制度空白症、打满补丁症、老板一言堂症。见表2-11。

表2-3　企业战略层面常见问题及症状

问题	症状表现	企业问题自测		
		1分	2分	3分
战略迷失症	缺乏对企业未来发展的明确定位，不清楚企业未来战略发展方向及扩张路径，犹如盲人摸大象，方向迷失			
战略狂躁症	对战略实现总是抱着一蹴而就的思想，过于急躁			
战略多动症	经不住市场商机的诱惑，企业战略忽东忽西、朝三暮四、摇摆不定			
战略幼稚症	头脑简单，对战略理解不深刻，战略措施缺乏系统规划和严密论证			
战略速成症	既不做经营环境分析（含外部经营环境、内部经营环境），也不做竞争对手分析，仅凭主观理解花一、两天时间速成所谓的战略			
备注	"1分"代表问题为"轻度"，"2分"为"中度"，"3分"为"重度"			

表2-4　企业营销层面常见问题及症状

问题	症状表现	企业问题自测		
		1分	2分	3分
明星大牌症	通过明星大牌的个人影响力，以及狂砸广告来提升品牌知名度，但很少关注品牌美誉度和忠诚度的建设，结果导致名不副实			
盲目推广症	市场、客户、产品定位不明确，市场活动定位不精准，盲目推广，事倍功半，风声大、雨点小			
渠道背叛症	销售渠道缺乏系统规划和完善的管理体系，渠道忠诚度不高，随时都有背叛的可能性			
渠道无利症	过多压榨渠道利润，导致渠道微利或无利			
渠道萎缩症	随着竞争加剧及"互联网+"的冲击，渠道质量、数量都在不断萎缩			
盲目承诺症	为了接到客户订单，夸大产品功能和公司自身实力，对客户的诉求盲目承诺，导致订单不能准时、保质、保量交付，失信于客户			
适销错路症	缺乏对销售通路定位，结果选择不合适的渠道或者客户进行销售			
订单滞后症	订单交付能力弱，无法满足订单需求，订单交付批量滞后			
促销不当症	促销目的不明确，促销手段不恰当，促销成果有限，对销售帮助不大			
客诉无门症	客户满意度不高，对于客户的抱怨和投诉置之不理，客户意见缺乏传递渠道，缺乏客户导向服务意识			
备注	"1分"代表问题为"轻度"，"2分"为"中度"，"3分"为"重度"			

表 2-5　企业研发层面常见问题及症状

问题	症状表现	企业问题自测		
		1分	2分	3分
盲目立项症	产品中长期规划缺失，产品市场研究与理解不到位，同时新产品定义不清晰，人云亦云，盲目立项新产品研发			
批量自杀症	产品研发过程缺乏控制，导致新产品市场不接受，新产品研发成功率低，批量抛弃			
孤芳自赏症	仅仅站在研发的角度欣赏自己的产品，而忽略了市场及客户的接受度			
仓促量产症	新产品开发周期过长，开发验证不严谨，仓促量产和上市，导致产品问题在市场端集中爆发			
一劳永逸症	总期望开发一款产品打遍天下，一劳永逸，对产品市场反应迟钝，产品迭代迟缓			
备注	"1分"代表问题为"轻度"，"2分"为"中度"，"3分"为"重度"			

表 2-6　企业供应链层面常见问题及症状

问题	症状表现	企业问题自测		
		1分	2分	3分
计划混乱症	订单交付、物料需求、生产作业、仓储物流、资金需求等计划混乱，总是由于计划衔接不上导致订单交付异常			
盲目采购症	采购缺乏计划性和系统规划，要么多采购、要么少采购，造成物料齐套率不高而无法组织生产			
物料呆滞症	物料呆滞造成资金积压严重，甚至导致批量呆滞、报废，公司损失严重			
物料损耗症	生产过程工艺规划及精益生产不足，造成物料损耗严重，形成巨大的利润黑洞			
现场糟糕症	缺乏6S（整理、整顿、清扫、清洁、素养、安全）管理体系，生产现场脏、乱、差、跑、冒、滴、漏现象随处可见			
工艺失控症	缺乏生产过程关键工艺控制点监控，员工按照自己的理解和经验操作			
品质过剩症	过度追求产品品质，造成品质过剩，品质成本企高			
品质失控症	缺乏产品研发、物料采购、生产过程、成品入库及发货、退货过程等关键质量控制点监控			

问题	症状表现	企业问题自测		
		1分	2分	3分
设备陈旧症	设备技术过于陈旧，无法满足多品种、小批量、柔性化、智能化生产模式的需要			
盲目扩产症	缺乏对未来市场的把控，盲目追求产能扩张，最终导致产能利用率不高，厂房及设备资金投入回报周期太长			
备注	"1分"代表问题为"轻度"，"2分"为"中度"，"3分"为"重度"			

表2-7　企业财务与投资管理层面常见问题及症状

问题	症状表现	企业问题自测		
		1分	2分	3分
成本高企症	研发成本、制造成本及期间费用（管理费用、销售费用、财务费用）控制不力，造成成本高企，企业盈利能力过低			
资本缺乏症	公司运营资本投入不足，融资渠道单一，缺少流动资金，影响企业正常运营			
盲目投资症	不考虑企业自身实力与特长，跨行业、无规划、盲目投资，导致精力顾不上，投资失败概率大增			
盲目融资症	不考虑企业自身运营需求，盲目融资			
应收膨大症	应收账款比例过高，导致公司流动资金周转困难，同时存在潜在呆坏账风险			
应付拖拉症	企业内部应付账款审批手续繁杂，本着能拖就拖的思想，导致应付账款周期很长，供应商怨声载道			
资金呆滞症	公司内部资金速动比率、流动比率极低，资金利用效率不高			
固定资产肥大症	固定资产（土地、厂房、设备等）投资比例过大，导致资产回报率过低			
利润虚盈症	利润计算不考虑资产减值损失（如原料呆滞、成品呆滞、样品折价等）及固定资产、期间费用的不合理摊销，导致公司利润虚高			
利润虚亏症	人为调整财务核算方法或调整成本、费用分摊规则，导致公司利润虚亏			
预算失控症	预算体系不健全，经常发生超预算及预算外项目支出，导致预算体系形同虚设，对企业经营毫无指导意义			
备注	"1分"代表问题为"轻度"，"2分"为"中度"，"3分"为"重度"			

表2-8　企业组织与人力资源管理层面常见问题及症状

问题	症状表现	企业问题自测		
		1分	2分	3分
权责不清症	组织内部分工不明确，没有按照"横向到边，纵向到底"的原则进行组织分工，造成很多管理真空和分工重叠，同时缺乏对职权体系的规划，造成权责不对等			
组织痴呆症	对内外部环境变化反应迟钝，组织响应能力及应对变化能力弱			
组织弱视症	组织短视、弱视，前瞻性不强，不能对经营过程中发生的问题提前预防，只能就事论事，到处灭火			
组织肥胖症	组织机构臃肿，定岗定编严重过剩，人浮于事，人均产值、人均利润等指标表现很差			
功能障碍症	企业部分职能发挥欠佳，导致组织系统能力偏弱，组织协同性不好			
个人卫队症	把公司配置的团队当作是私人卫队，团队按照个别管理者自己的意图行事			
控制失灵症	缺乏严密、科学的组织评价及监控体系，风险控制不力，滥用职权现象严重			
人走茶凉症	一旦有人离开，马上否认其在职期间的工作表现及对组织的贡献，而且之前积累的管理经验、制度、流程统统被推翻重建			
人才流失症	由于企业选人、育人、用人、留人机制不健全，优秀人才不断流失，庸才、蠢才、懒才充斥在整个团队，典型的"劣币驱逐良币"			
"套娃"效应症	按照"套娃"原理选择人才，总经理选择比自己能力弱的副总经理，副总经理选择比自己能力弱的经理，经理选择比自己能力弱的主管……最终导致团队成员能力一级不如一级			
激励缺失症	缺乏系统的员工激励机制（物质激励与非物质激励，短期、中期与长期激励），员工士气低落，工作积极性不高			
备注	"1分"代表问题为"轻度"，"2分"为"中度"，"3分"为"重度"			

表 2-9 企业文化层面常见问题及症状

问题	症状表现	企业问题自测		
		1分	2分	3分
信仰缺失症	企业缺乏明确的使命、愿景及价值观念，员工信仰缺失，凝聚力弱			
组织抑郁症	组织陷入抑郁状态，情绪低落、悲观，负面情绪充斥企业的各个角落，造成员工对公司未来发展毫无信心			
士气低落症	员工士气低落，毫无战斗力			
员工缺德症	员工忠诚度极低，不愿承担工作责任，相互扯皮、推诿			
能人主义症	总期望找到能人来解决问题，而忽略了能人对公司文化的适应性			
苦劳疲劳症	不以结果论英雄，在公司倡导"没有功劳还有苦劳，没有苦劳还有疲劳"的工作观念			
文化速成症	总期望用最短的时间速成企业文化，殊不知文化的形成是言传身教、潜移默化，而且长期坚持的结果			
文化抽风症	企业文化建设仅仅停留在口号文化、刷墙运动、文化教育、行为文化层面，定期、不定期进行文化抽风运动			
山头文化症	利用金字塔组织模式的劣势强化山头作用；在公司内部充斥着浓烈的山头文化氛围			
备注	"1分"代表问题为"轻度"，"2分"为"中度"，"3分"为"重度"			

表 2-10 企业信息管理层面常见问题及症状

问题	症状表现	企业问题自测		
		1分	2分	3分
信息孤岛症	企业信息藏匿在员工大脑、个人电脑、公司档案室、信息系统等不同地方，缺乏对信息的有效整合与梳理			
信息私有症	公司的经营信息私有化，如很多业务人员把利用企业平台开发的客户认为是自己的，离开公司的时候将客户资源带走			

续表

问题	症状表现	企业问题自测		
		1分	2分	3分
信息堵塞症	信息传递不通畅，存在信息传递渠道不健全、信息传递失真、信息传递时效性差等现象			
信息碎片症	企业内部信息传递碎片化，无法为企业经营决策提供有价值信息			
企业失忆症	由于员工离职、转岗、信息备份不及时等原因造成信息丢失，进而导致企业"失忆"			
备注	"1分"代表问题程度为"轻度"，"2分"为"中度"，"3分"为"重度"			

表2-11　企业综合管理层面常见问题及症状

问题	症状表现	企业问题自测		
		1分	2分	3分
抽风运动症	没有按照企业经营系统理论及生命周期理论合理规划企业经营系统构成要素，抽风式地追求管理上的新概念、新方法			
文山会海症	缺乏系统的会议体系规划及文件管控要求，会议多但效果差，文件多但执行差			
流程不畅症	流程环节过多、流程中含有大量非增值环节、流程效率低下，同时缺乏流程绩效评价			
制度空白症	很多管理领域缺乏流程、制度支撑，全凭员工主动性与责任心开展工作			
打满补丁症	流程、制度打满补丁，缺乏系统规划与及时优化、完善			
老板一言堂	老板一言堂，中基层很少有机会参与公司决策			
备注	"1分"代表问题为"轻度"，"2分"为"中度"，"3分"为"重度"			

可见，与人一样，企业也可能存在这样或那样的问题，不论是战略层面、营销层面、研发层面、供应链层面，还是财务与投资层面、组织与人力资源层面、企业文化层面、信息管理层面等都会存在这样或那样的问题。总之，认清问题产生的原因、掌握发现问题的方法对于任何一家企业而言都是至关重要的。

第三章

问题是一切痛苦的根源

一、问题为什么总是得不到彻底解决

面对层出不穷的问题，优秀企业总是能够因时制宜地加以解决，而很多经营管理能力比较弱的企业要么就事论事，要么熟视无睹，要么无能为力，要么一拖再拖，总之，企业的很多问题总是很难彻底解决。

根据多年的实践，我们把企业问题不能得到彻底解决的原因总结为以下6种。

1.说表象的多，讲本质的少

就如人感冒有很多种表象一样，企业的任何问题都会呈现出不同的表象，问题不能得到彻底解决最常见的原因就是企业经常把表象当成问题的本质，总是停留在问题表象而不是抓住本质来解决。

【案例】某企业员工流失率分析

2017年我们帮助浙江一家制造企业进行管理提升，结果发现该企业存在短期内员工流失率激增这样一个棘手的问题，图3-1是我们对这一问题的分析过程。

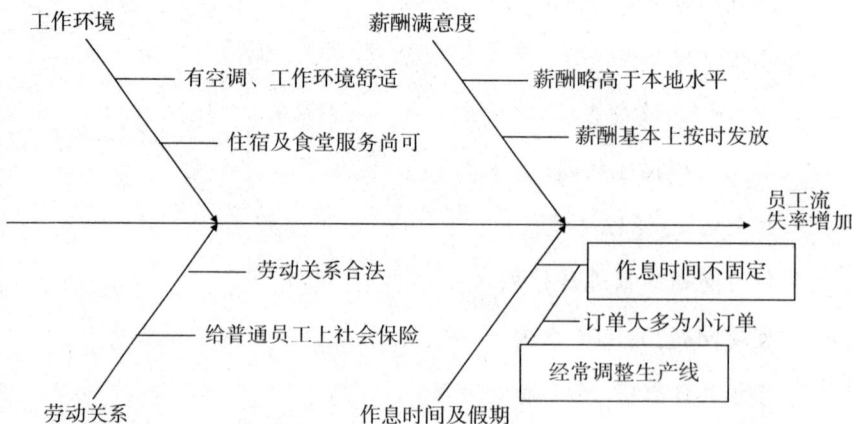

图 3-1 某企业员工流失率分析

如图3-1所示,员工流失率增加从表面上来看可能是由于员工对薪酬不满意,可能是员工对工作环境不满意,也可能是劳动关系引起的,但事实上导致这家企业员工流失率增加的真实原因是作息时间不固定,作息时间不固定的原因是经常调整生产线,经常调整生产线的原因则是订单大多为小订单。可以看出,这家企业想要降低员工流失率,必须着手改善订单结构才能抓住问题的本质。

2.发牢骚的多,想办法的少

正如第一章提到的企业常见问题中的组织抑郁症一样,在很多企业,当员工看到问题的时候,第一时间想到的不是想办法加以解决,而是凑在一起发牢骚搞得企业内部乌烟瘴气。

3.提出问题的多,解决问题的少

与第二种现象相似,企业中还有一种常见的现象,那就是企业每个人都是提问题的高手,但真正静下心来解决问题的人少之又少,大家总是抱着"这不是我的事""这是A部门的事""让别人去解决吧""我正在忙着解决其他的事""这个问题没那么严重吧""这个问题可以再放一放""估计领导没发现"等思想,让问题一拖再拖,悬而不决。

4.纸上谈兵的多,落实责任的少

很多企业针对问题总喜欢在文山会海中澄清问题,讨论问题解决的思路和方法,但在明确责任、制订计划、资源投入、过程控制、结果检讨等环节往往虎头蛇尾。

5.细枝末节多,核心关键少

解决问题的时候企业永远要记着80/20原则,即通过对影响问题的20%的关键环节改善,最终达到彻底解决问题的目的,而不是一味地去抓一些鸡毛蒜皮、无关痛痒的细枝末节。但在实际工作中,往往会存在首先抓住20%的关键很难,而细枝末节容易发现,解决起来也容易的现象,所以大家更喜欢避重就轻。

6.就事论事多,机制建立少

把现实的问题消灭掉是解决问题的第一步,解决问题的最高境界还要求把解决问题的过程总结出来,形成标准流程和操作规范,明确责任,让后人再遇到类似问题的时候加以参考。这样不仅可以提升企业解决问题的效率,同时也可以提高企业解决问题的能力,让类似的问题少发生,即便再次发生也会在第一时间把它消灭掉。

二、不要拿现象当问题

当大家看到图3-2左图的时候,我想很多人第一时间会认为自己看到的是一对情侣在约会,但当看到右图的时候你可能就会会心地一笑,因为你发现看到的真相(右图)与第一眼看到的(左图)完全是不同的。

我们再来看看图3-3,很多人第一眼看到左图的时候一定会认为是一只猫捉住了一只老鼠的尾巴,因为猫捉老鼠是天经地义的,但你万万想不到猫捉住的不是老鼠的尾巴,而是一条眼镜蛇的尾巴(右图)。

图 3-2　你看到的是真的吗

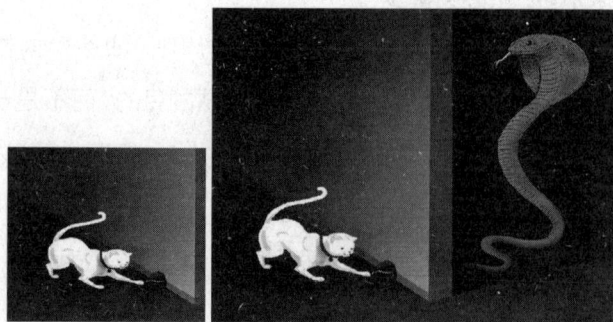

图 3-3　你看到的是真的吗

在企业内部，我们也会经常遇到以上类似的情况，很多员工经常误把自己看到的问题表象当成问题的本质去解决，结果花了很多的时间、精力，但问题始终得不到有效解决。

三、少发牢骚，多想办法

有人曾经向星云大师（全名释星云，法号悟彻，佛学界大师，佛光寺第一、二、三任住持）诉苦，说自己这辈子实在是太苦了，生意失败、老公出轨、儿子早逝……总之，似乎人生的苦事和不公都让她遇到了，因此每每遇到别人的时候，她总是要把自己的不幸很伤心地诉说一遍。星云大师听了之后，笑着问了她一个问题：你见过屎吗？这人答道：见过。又问：屎臭吗？答曰：很臭。再问：那你见过有人把屎背在自己身上吗？答曰：没有，那岂不太臭了。星云大师曰：既然你懂得这个道理，那你为什么还把自己的不幸始终背在身上呢？

星云大师的话告诉我们，很多对企业问题不厌其烦地发牢骚的人，就正如背着屎前行，自己闻着臭，也遭别人嫌。

前段时间我去一家企业调研，根据预先安排，每位访谈对象有一个小时的沟通时间，这家企业的总经理助理跟我沟通的时候先从自己的口袋中掏出一张纸，上面密密麻麻地写满了他认为企业存在的问题。在一个小时的沟通过程中，我基本上没听到他眼中企业任何的长处，他的每句话都充满了对企业问题的愤怒和指责，在他看来，企业的问题不外乎老板无能、干部无为、基层无脑。沟通结束前，在为数不多给我发言的机会中，我问他一个问题：你认为这些问题与你有关系吗？他的回答让我大跌眼镜，他说：我的职责就是帮助老板发现企业存在的问题，而解决问题根本就不是我的事。我立马晕倒！为了能够让他有所领悟，我就拿上面星云大师的话又问了他一遍，这位总经理助理顿时哑口无言。

在我看来，面对问题，牢骚满腹不是正确的做法，多想办法、立马去做才是解决问题的王道。在企业里面，只有那些愚蠢的人才会充满怨气，而聪明的人更懂得争气。如果一个人对自己的环境不满意，对企业的管理现状不满意，唯一的办法就是通过自己并带动身边的人一起战胜问题，超越自己。正如前面我们提到企业存在的问题是自己展示才华的舞台，是证明自己价值的机会，因为如果企业没有问题的话，我们每个人都需要思考一个问题：企业请你来的目的是什么？

四、如何正确描述问题

关于企业中存在的问题，为什么会存在前面提到的"提问题的多，解决问题的少""说表象的多，说本质的少""细枝末节的多，核心关键的少"等现象，归根结底，真正的原因在于我们很多时候对问题的描述不准确，对问题的认知不全面。

那么如何才能准确描述一个问题呢？关于问题的描述，常见的方法有3种。

1.用5W1H描述问题

5W1H是6个英文单词的首字母，分别为What（什么）、When（什么时候）、Where（在哪里）、Who（谁）、Which（哪个）、How（如何），企业可以利用这6个字母从6个方面对问题加以描述，如表3-1所示。

What：指的是什么，如什么事、什么问题、问题的表现是什么等。

When：指的是什么时候，如什么时候发生的、什么时候发现的、什么时候有问题的等。

Where：指的是在哪儿，如在哪儿发生的问题、在哪儿发现的问题等，具体到某个地点。

Who：指的是谁，如什么人，谁发现的、谁造成的、是否是人为原因等。

Which：指的是哪个，如问题发生的频率、规律等。

How：指的是如何，如问题造成的影响是什么。

根据5W1H描述方式，第1个问题应该描述为：上周五客户专员在与客户沟通过程中第三次收到客户对产品质量的投诉，这次投诉可能导致20%的货款损失；第2个问题应该描述为：上午10：05分成品线作业人员发现二车间成品组装线已经连续3天发生停线事故,导致每周12%的产量损失。

表 3-1 用 5W1H 进行企业问题描述

	问题 1	问题 2
What	客户投诉产品质量	成品组装线停了
When	上周五收到客户投诉单	在上午 10:05 分生产过程中
Where	在与客户沟通的过程中	二车间
Who	客户服务部客服专员	成品线作业人员
Which	第三次收到客户投诉	已经连续 3 天出现此问题
How	客户提出打折 20% 结算货款	每周损失 12% 的产量

2.麦肯锡问题描述法

麦肯锡问题描述分为3个步骤:问题陈述、问题分解、去掉非关键因素。根据麦肯锡问题描述方法,我们发现企业一开始想要清晰地描述一个问题还是有一定难度的,在初步分析的基础上再去描述可能会更加准确。

麦肯锡问题描述法要求一个好的问题描述必须具备以下几个特点:

(1)只描述一个主要问题或可靠性很高的假设。

(2)具体陈述而非笼统说明。

(3)富有内涵,而不是对一种事实的简单罗列。

(4)具有极强的行动性。

(5)以决策者下一步所需要的行动为重点。

3. 8D问题描述法

8D又称团队导向问题解决方法、8D问题求解法(8D Problem Solving)。8D是福特汽车公司处理问题的一种方法,适用于制程能力指数低于其应有值时对有关问题的解决,8D提供了一套符合逻辑的解决问题的方法,同时对于统计制程管制与实际的品质提升架起了一座桥梁。

第二次世界大战期间,美国政府率先采用一种类似8D的流程——"军事标准1520",又称之为"不合格品的修正行动及部署系统"。1987年,福特汽车公司首次书面记录下8D法,在其一份课程手册中这一方法被命名为"团队导向的问题解决法"（Team Oriented Problem Solving）。当时，福特汽车公司的动力系统部门正被一些经年累月、反复出现的生产问题搞得焦头烂额，因此其管理层提请福特集团提供指导课程，帮助解决难题。

在8D中，问题解决步骤分为成立改善小组、描述问题、实施及确认暂时性的对策、原因分析及验证真因、选定及确认长期改善行动效果、改善问题并确认最终效果、预防再发生及标准化、团队庆祝及规划未来方向8个步骤，其中描述问题是8D中非常关键的环节。

8D要求描述问题（Describe the Problem）尽可能量化而清楚地表达，并能解决中长期的问题而不是只有眼前的问题。8D要求必须用量化的术语详细说明与该问题有关的内、外部顾客抱怨，如什么东西、地点、时间、程度、频率等，具体可参考"什么东西出了什么问题造成什么后果"这种句式进行表达。如表3-2所示。

企业用8D方式描述问题的时候必须注意以下几点：

（1）收集和组织所有有关数据以说明问题。

（2）问题说明是所描述问题的特别有用的数据的总结。

（3）审核现有数据，识别问题、确定范围。

（4）细分问题，将复杂问题细分为单个问题。

（5）问题定义，找到和顾客所确认问题一致的说明，"什么东西出了什么问题"。

表 3-2　8D 问题描述

项目	问题详细描述	备注
When		时间
Where		发生地点
What		什么问题
Who		谁发现的
How		有什么影响

五、拨云见日，抓住关键

　　根据前面所说，如果企业能够清晰、准确地对问题进行描述，就可以抽丝剥茧、拨云见日，一针见血地把问题背后的本质找出来，并加以解决，这才是解决问题最有效的方法。就如麦肯锡提倡的问题描述中提到的去掉非关键因素一样，只有抓住关键，才能对症下药。

　　可见抓住关键是消灭问题的第一步，抓住关键要求企业从发现问题开始，再到分析问题、解决问题、杜绝问题的每个环节都遵循这一原则，发现关键问题、分析问题产生的关键原因、并对影响问题产生的关键因素加以解决，另外还需要对解决问题的关键方法进行程序化、规范化、流程化，所以说拨云见日、抓住关键贯穿问题解决的全过程。

六、针对问题本质进行挖掘

1.针对问题找原因

　　问题决策不是吹泡沫，而是拿主意，解决束手无策的问题。问题决策有正确与错误之分，寻找正确的问题决策前提是先看、后摸、再分析。

　　任何问题的解决方案都不可能凭空产生，都要有一定的依据，这个依据就是问题本身，要发现问题、调查问题、解决问题，为最终解决问题找到可靠依据。

　　在管理工作中，问题决策的重要性是大家公认的，但是人们却把很多注意力都集中在解决问题上，主要精力都集中在找答案上。其实，这种做法是错误的。在管理决策上，最常见的毛病就是只强调寻找正确答案，而忽视了要寻找真正的问题所在。如果敌人在哪里都不知道，再精准的枪法也无用武之地。只强调解决问题的领导往往会感到压力，在压力之下，决策是会变形的。

　　弄清问题是解决问题的前提，虽然会花费不少时间和精力，但对领导做出正确决策是必不可少的。

2.一针见血，切中要害

　　有一家颇有规模的厨房用具制造商，10年来，企业始终把主要的管理精力都放在降低生产成本上，结果成本的确降下来了，但是利润却没有提高。对关键因素进行分析表明：真正的问题出在销出去的产品组合上。公司的销售人员只管大力推销那些最好销的产品，他们将重点放在最能吸引顾客的低价产品上。结果是，公司销售越来越多的微利产品，而其他竞争对手们根本不将功夫花在这种产品上面。随着生产成本的降低，产品的售价也降低了。销售量虽然增加了，但这种方式是增产不是增值。公司已越来越经受不起市场的波动。只有弄清问题主要出在产品的组合上，公司才有可能解决这一问题。这也就是说，只有当你提出"造成这种状况的关键问题是什么"这个问题时，才有可能将问题解决。

为了弄清问题，企业应该从发现关键问题做起。

用直接分析问题的方式来找出关键问题，通常可以使用两种辅助性的手段：

（1）设想如果不发生任何改变或变动，那么情况将会怎么样？

（2）把问题倒过来看，可以这样问：当问题首次出现时，如果我们做了点什么，或者什么也不做，那么将会对当前的情况产生哪些重大影响？

3.抓住问题本质是关键

问题决策要下大力气，但不能把力气用在无关痛痒的地方，那是白费力气，所以在解决问题前，必须弄明白所要解决的问题是不是真正的问题。

抓住了问题的本质，就有助于接下来有效解决问题。

4.方法正确

解决问题就是处理旧问题，提出新问题的过程。因此，弄清楚问题，然后找到解决问题的方法，就已经是一大收获了。这就是在解决问题时，要给问题开处方的道理。问题是决策的依据！人是喜欢解决问题的。企业管理者享受成功所带来的报酬，也享受成功的过程。

如果人们不知道如何来解决问题；如果他们在尝试解决一项问题之后，不能体验到成功；如果他们感到他们的努力并没有受到赏识；如果他们察觉到一事不做或推卸责任反而比较安全的话，他们便会逃避需要解决问题的情况。

作为管理者必须牢记，问题分析并不是万灵丹，而是要给问题开处方。给问题开处方要做到以下几点：

（1）善于从不同的复杂现象中找出规律性的东西。

（2）发现一个问题，就要找出根源。

（3）不要对问题粗心大意，特别要找出它的不良影响和后果。

（4）不要认为问题过多就是坏事，相反，这越能为正确决策找到"入口处"。

任何决策都是以解决问题为本的，假如决策和问题脱节，或者说两者之间没有太大的联系，那么决策就会失去战略意义；同样，一个企业出了问题，证明以前的决策存在缺陷，或者说由于错误的决策引发了困难。因此，新的决策不能太匆忙，必须对旧问题进行先看、后摸、再分析，再找到一条理想的决策路线，最大可能地解决问题，创造利润。

七、发现问题，信息要准确

问题不是凭空想出来的，真正的发现问题是建立在对信息的搜集、分析并做出判断的基础上的，这才是正确的发现问题的方法。

1.掌控发现问题的信息

在社会发展到如此复杂而且多变的今天，信息量已经爆炸性地剧增，信息对于预测问题和发现问题的意义就更加显得重要。今天的管理阶层所面临的问题往往十分复杂，牵涉的因素很多，需要大量的信息才能做出正确的分析与判断。

中国有一句名言"知己知彼，百战不殆"。何以知己？何以知彼？靠什么来了解竞争双方的特点和条件？靠的就是信息，也就是我方的情况和对手的情报。这句名言说的就是信息极端重要性的原理。信息对预测和决策是如此的重要，但预测和决策对所需的信息也有要求，并不是随便什么信息或者随便有多少信息都可以满足需要。归纳起来，对信息的要求有及时、准确、适用、完整和经济性五个方面。

信息的及时性自不待言，其准确性更需要有一双"火眼金睛"。信息能否准确，关键在两个地方：一是在信源那里，要看信息是否来自真实的原始记录或者深入的实地调查，弄虚作假、假账真算、瞎编乱估等产生的只能是假信息；二是在传输与加工之中也有可能引起信息失真。

2.建立信息沟通渠道

很多晚会之类的场合上经常会玩一个游戏，那就是先由主持人将需要表达的意思写在纸上，由第一个人表演出来给第二个人看，然后第二个人根据自己的理解再表演给第三个人，依此类推，直到最后，由第六个人将自己看到的表演用语言表达出来。结果会怎样呢？在绝大多数情况下，我们发现第六个人说的与实际情况会相差十万八千里。这是由于信息沟通渠道不畅导致的。

因此，企业建立顺畅的信息沟通渠道是非常必要的。

3.正确处理信息

真正的问题解决者必须是信息处理大师，他的脑子是决策思想基地。作为企业问题解决者，你无可避免地需面对着决策的工作。你必须探知你所收到的数字是否合理，它们是否太过乐观或悲观。如果你认为它们不合理，则你的出资者亦必认为它们不合理，此时最好是丢弃它们，再去寻找更合理的数字。

决策中的错误均与收集信息的工作有关。这时就会产生一个问题：为什么搜集客观、准确、全面的情报工作这么艰难？德国决策大师马克宾白诊断，主要原因包括：

（1）我们的判断、估计数字与信息通常会受到制度上偏差的干扰。

（2）我们会过于自信。我们自认所了解的比实际了解得多。这表示我们审视过少的信息，问错了问题，在做判断上无法从紧要角度切题思考。

（3）我们所依据的是最现成、随手可得的信息而不是那些最有价值的信息，特别是在现成信息新近得到，或由一特殊鲜明经验所得时更是如此。

（4）我们把未知部分的估计数字套用在一些我们已知事项上，而且通常会对其他的因素部分怠慢于充分调整。

因此，为了掌握情报的收集，你务必在起步时就自问下列三个紧要的问题：

（1）我们真正了解多少？

（2）我们知识的基础真的有代表性吗？

（3）我们的估计数字与判断稳当吗？或我们业已过度依赖一个轻易可得的现成基准点数字了？

大多数的人们，为了掌握决策的情报收集必须有一套系统化的方法，而且要对过于自信及现有情况将使人们产生何种偏差有所了解才行。但仅仅这样还不够，要成为一个优秀的决策者必须彻底改正错误。

八、掌握具体数字，量化发现问题

"一个数字，抵得过一千个文字！"这是一个数字化的时代，数字在决策中的地位举足轻重。

数字与发现问题之间的关系非常密切，是一种定量分析。据说，由于这种定量分析总给发现问题带来正误两方面的特点，你不摆脱数字，却又必须依靠数字，因此，数字在发现问题的过程中总是非常神秘的，具有很难的可操作性。难怪有人说："数字的计算在发现问题的过程中是另外一种哥德巴赫猜想。"

尽管如此，作为问题决策者，企业管理者仍然要尊重数字，因为企业发现问题时，通常是以企业数字来支撑。用以支持的这些数字越能耐得住审问、详察与检试，则准确发现问题的概率就越大。作为企业管理者，你的兴趣与力量应集中于对企业的发现的问题及对其所根据数字的正确性、可靠性与相关性的判断。

因此，管理者必须掌握定量分析——定量分析，从数字中寻求最佳答案。因为，数字往往是衡量问题发现是否准确的标志。

但是在企业发现问题的过程中又有这样一句近似真理的话："数字只不过是正确发现问题的一种证明而已，绝不可能永远正确。"这就又需要定性分析，它主要依靠管理者的经验和分析判断而形成决策。

第二部分

PART TWO

分析问题，抽丝剥茧

明·洪楩《清平山堂话本·蓝桥记》中说："安绥惘纪，无行云流水之势，但如抽丝剥茧之行而为之，故望此云，无望得众。"

发现问题有方法，尽早发现，及时解决很关键。但在企业正式解决问题之前，还有一项非常关键的事情要做，而且还直接关系到问题解决的效率和效果，那就是抽丝剥茧地对每个问题进行分析，并对问题结合企业经营系统及企业生命周期理论进行双重定位。

第四章
如何对企业问题进行定位

企业经营系统与问题定位

企业生命周期与问题定位

如何对企业问题进行定性

如何正确看待企业存在的问题

一、企业经营系统与问题定位

发现问题后，企业首先需要对问题进行定位分析，明确对于企业经营而言每个问题究竟属于经营的哪个层面，这些问题对企业经营到底有多大影响，如果对企业经营没有重大影响的问题就可以暂时放一放，集中精力先去解决对经营有重大影响的问题。

根据深圳信睿咨询提出的SMART-EOS企业经营系统，把企业存在的问题从5个维度进行定位，即企业市值系统问题、企业梦想系统问题、企业流程系统问题、企业信息系统问题、企业人资系统问题。如图4-1所示。

| 顶层设计 | 金融体系 | 商业模式 | 竞争体系 | 发展体系 | 风控体系 | 加速体系 |

市值系统

| 使命与愿景 | 基本法 | 发展战略 | 年度经营计划 |

梦想系统

集成研发	业务蓝图与信息系统规划	责任工程
整合营销	信息系统实施	发展工程
集成供应链	系统集成与数据中心	激励工程
财务转型	商业智能与经营驾驶舱	幸福工程

流程系统　　信息系统　　人资系统

图 4-1　信睿咨询的 SMART-EOS 企业经营系统

1.企业市值系统

大家都知道经营企业的目的就是要实现盈利，因为企业就是以盈利为目的的组织，这是过去我们对企业经营的认知，现如今我们做企业不仅要赚钱，还需要将企业变得更加值钱。有人说过，现在的企业只有两种，即上市企业、非上市企业，而非上市企业又分为两类，一是通过自己的努力未来实现上市，二是把自己的经营做好，未来被上市企业兼并或收购。不管是哪种企业，我们认为都需要思考如何提升自身的市盈率，让自己变得更加值钱。

如表4-1所示，我们将影响企业是否值钱的因素归结为7大模块，每个模块企业必须回答清楚相应问题：

表4-1 企业市值系统主要内容及需要解决的核心问题

企业市值系统	所含内容	需要重点解决的问题
顶层设计	公司业务规划、公司性质规划、运作模式规划、股权结果规划、公司章程、治理结构、议事规则	（1）公司股权是如何分配的？在股权设计的时候如何体现资本、技术、核心运营团队的价值 （2）公司的核心业务是什么？采用什么运作模式是最优的 （3）公司治理结构是否健全？责任是否明确 （4）议事规则是否健全？重大问题如何决策
金融体系	资本来源、证券金融体系、银行金融体系、公司债券体系	（1）企业资本来源有哪些地方 （2）企业如何解决经营性资金来源（原始股东投资、项目订单、天使投资、VC风投、PE私募股权、个人融资、资产抵押、股权融资、客户融资等）的问题 （3）企业金融体系如何构建 （4）企业如何跟金融机构打交道
商业模式	商业模式画布、商业模式创新	（1）我们目前的商业机会受到了哪些挑战 （2）客户诉求是否已经发生改变？如何满足 （3）新的商业机遇在哪里 （4）新的盈利模式是什么 （5）企业需要塑造哪些新的能力才能抓住新的商业机遇
竞争体系	竞争态势分析、竞争模式选择	（1）现有的竞争对手是谁 （2）与竞争对手相比，企业处于什么样的竞争态势（敌强我强、敌强我弱、敌弱我强、敌弱我弱） （3）企业将采用什么样的手段和模式参与竞争（红海竞争、蓝海竞争、不对称竞争、价格竞争等）
发展体系	发展路径、产业选择、价值链延伸	（1）根据企业战略，我们应该采用什么样的发展路径 （2）未来我们将进入哪些产业领域？选择的标准是什么 （3）企业需要进行价值链、价值环延伸吗？如何布局

续表

企业市值系统	所含内容	需要重点解决的问题
风控体系	运营风险、廉洁风险、授权风险、财务风险、金融风险、新技术风险、人力资源风险、政策风险、法律风险、自然灾害	（1）企业经营的风险点有哪些？有具体的风险防范措施吗 （2）如果发生经营风险，应急机制又是什么 （3）企业内部风控体系是否健全？具体由哪个部门负责
加速体系	增长模型、增长速度	（1）如何才能保证企业长期、稳健实现业绩增长 （2）企业应该选择什么样的增长速度（低速增长、中速增长、高速增长、超高速增长）

2.企业梦想系统

一家企业想要走得稳、走得久，必须先要解决如何将企业的梦想与员工的梦想尽可能保持一致的问题，让每位员工想企业所想、急企业所急，这就是我们俗话讲的统一"三观"（世界观、人生观、价值观）。

在企业内部，员工的梦想与企业梦想之间的关系大致可以分为4种情况（图4-2）。

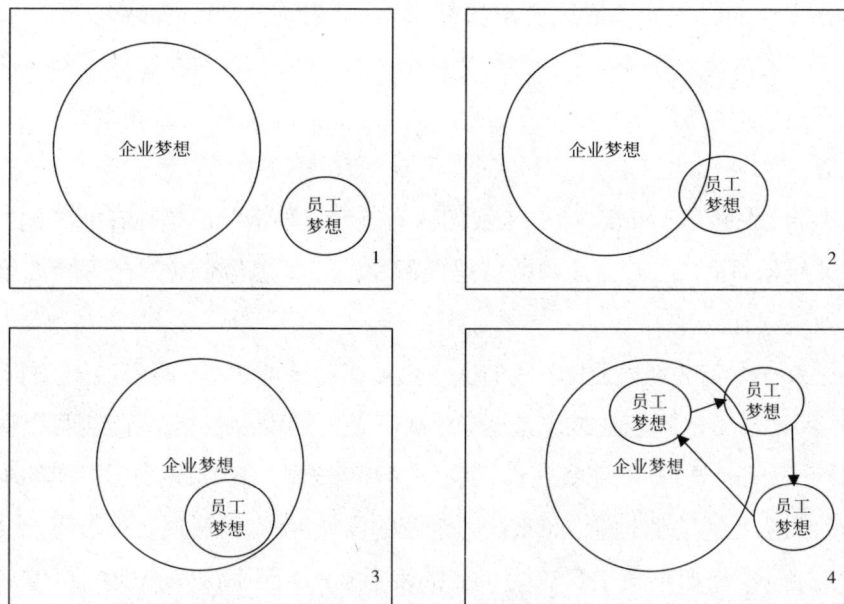

图4-2　员工梦想与企业梦想关系分析

第一种情况是员工的梦想与企业的梦想毫无交集，这种情况是典型的"同床异梦"，虽然员工在企业上班，领着企业发的工资、耗着企业的资源、穿着企业的工服、戴着企业的工牌，但员工想的与企业想要的格格不入，这种情况对企业而言是最可悲的。

第二种情况是员工的梦想与企业的梦想有一定的交集度，这种交集度可能只有10％、20％或者50％，也可能有90％，不同交集度的背后是企业的梦想与员工的梦想存在一定的趋同性，当然也存在一定的差异，一般情况下企业大多数员工都属于此种情况，关键就在于如何使交集度只有10％或者20％的员工扩大其交集度，达到60％、70％甚至80％以上。

第三种情况是员工的梦想与企业的梦想完全一致，员工认为自己人生目标的实现完全依附于企业梦想实现的前提之下，这种员工在企业毕竟只有少数，但往往是这些少数的员工在企业经营过程中起着举足轻重的作用。

第四种情况是员工的梦想与企业的梦想有时候一致，有时候有一定的交集，有时候完全没有交集，始终处于游离的状态。比如员工认为对自己有好处的时候他会靠近企业的梦想，一旦发现对自身不利的时候，员工又马上与企业撇清关系，根据我们的研究，企业内这种员工的比例往往还不低，这些员工对企业的危害度也是最大的，企业需要擦亮眼睛，慎之又慎。

除了上面第三种情况之外，我们认为其他三种情况都是存在问题的，想要经营好企业，首当其冲地就是要解决员工梦想与企业梦想保持高度一致的问题。

那么如何才能做到呢？我们认为企业必须要解决好"两个认同"的问题，即让员工认同企业的价值理念、认同企业的发展目标。而且"两个认同"必须同时具备，才能真正做到统一梦想。试想一下，如果员工只是简单地认同企业的价值理念，而不认同企业的发展目标，这种员工很有可能会变成盲从；而如果员工只认同企业的发展目标，而不认同企业的价值理念，我想这种员工的认同一定是短暂的，而且是相对的，相对于低目标他可能认同，但相对于挑战性的目标，他可能就不认同了。

根据信睿SMART-EOS企业经营系统，我们把企业战略系统所包含的内容及需要回答清楚的问题归结如表4-2所示。

表4-2　企业战略系统主要内容及需要解决的核心问题

企业战略系统	主要内容	需要重点解决的问题
使命与愿景	企业使命、愿景	（1）企业为什么存在 （2）企业存在的价值是什么（对社会、对客户、对员工、对社会） （3）企业未来想要达到什么样的预期、蓝图或梦想
基本法	核心价值观、发展战略及经营计划理念、市场营销与客户服务理念、产品研发理念、集成供应链理念、财务管理理念、人力资本管理理念、组织与流程理念、创新与变革理念	（1）企业的核心价值理念是什么 （2）针对社会、客户、员工，企业的价值主张是什么 （3）企业如何看待品牌宣传及市场推广、客户及订单开发、新产品研发及创新、供应商开发与供应商关系处理、产品制造及品质控制、客户服务 （4）企业如何看待内部人才开发、激励及管理 （5）企业如何鼓励员工创新？有哪些具体的鼓励措施 （6）企业如何进行管理变革及风险管控
发展战略	战略目标、业务战略（含产业战略、产品战略、客户战略、市场战略）、职能战略（市场营销职能战略、产品研发职能战略、供应链职能战略、财务投资职能战略、人力资源职能战略）、核心能力规划	（1）未来3~5年企业的发展目标是什么？财务目标有哪些？管理目标有哪些 （2）未来企业将进入哪些产业？产业发展策略是什么？一体化，还是多元化 （3）企业未来要重点开发哪些产品？这些产品的竞争优势是什么 （4）企业的客户定位标准是什么？企业该如何持续满足 （5）企业的目标市场在哪里？目标市场竞争态势如何？如何参与竞争 （6）为了实现业务战略，企业从市场营销（含品牌、市场、销售、客户服务）、产品研发（产品线规划、产品研发路线图、市场调研、产品定义、产品开发及验证、新产品上市准备、新产品上市管理、产品生命周期管理）、集成供应链（供应商开发与物料采购、产能准备、生产计划、制程管理、工艺工程、设备管理、仓储物流、品质管理）、财务投资、人力资源等维度需要做哪些准备工作 （7）为了保证战略目标顺利达成，企业需要具备哪些核心能力？如何构建

续表

企业战略系统	主要内容	需要重点解决的问题
年度经营计划	年度经营环境分析（外部经营环境、内部经营环境）、年度竞争态势分析、年度竞争策略规划、年度战略地图、年度平衡计分卡及目标分解、年度业务计划、年度经营预算、年度经营计划实施平台、年度经营计划实施评价与衡量	（1）企业如何对年度经营环境进行分析？对企业而言外部经营环境有哪些机会与威胁？内部经营环境有哪些优势与劣势 （2）在年度经营过程中企业该如何抓住机会而规避威胁？如何扬长避短，发挥优势，弥补短板 （3）年度竞争态势如何？应该采取什么策略赢得竞争 （4）可实施的年度经营策略有哪些？针对每项策略应该确定什么样的目标 （5）为了保证经营策略落地，需要制定哪些业务计划 （6）按照既定的策略、目标及业务计划，企业年度经营结果会怎样？如何编制年度经营预算 （7）为了保证策略落地、计划实施，企业需要优化哪些经营计划实施平台 （8）在年度经营开展的过程中，有哪些纠偏及评价机制 （9）如何控制及防范年度经营过程中发生的种种经营风险

3.企业流程系统

先有战略，后有流程，最后是组织。企业战略系统明确后，就需要建立完善的流程系统去保证战略及年度经营计划的落地与实施，我们将企业的流程系统分为4大部分，分别为整合营销、集成研发、集成供应链、财务转型，具体内容及需要重点解决的问题见表4-3。

表4-3 企业流程系统主要内容及需要解决的核心问题

企业流程系统	主要内容	需要重点解决的问题
整合营销	品牌定位、品牌宣传、媒介管理、市场研究、市场推广、市场物料、促销、渠道政策、产品定价、客户开发、销售订单开发、销售合同评审、订单交付、货款管理、客户服务、客户关系管理、客户档案管理、满意度管理、客诉受理	（1）企业整合营销有哪些具体的业务和活动？这些业务活动之间的逻辑关系如何？有哪些核心业务流程支撑营销业务高效运营 （2）企业通过什么途径和手段让客户了解自己 （3）企业通过什么途径和手段进行市场研究与推广 （4）为了促进销售，采用哪些市场手段 （5）企业的渠道策略是什么？如何有效开发渠道 （6）客户是谁？用什么流程搞定客户 （7）拿到客户订单后，如何实现订单快速交付 （8）售前、售中、售后分别有哪些客户服务内容 （9）如何提升客户满意度？如何弥补客户满意度"短板"？客户投诉受理流程是什么

续表

企业流程系统	主要内容	需要重点解决的问题
集成研发	产品市场研究、市场需求管理、客户定位、产品线规划、产品定义、立项管理、产品开发、开发验证、上市管理、产品迭代与升级、产品生命周期管理	（1）企业集成研发有哪些具体的业务和活动？这些业务活动之间的逻辑关系如何？有哪些核心业务流程支撑研发业务高效运营 （2）研发端如何理解市场与客户，精准定义产品 （3）如何进行产品线规划 （4）新品开发方法是什么？如何保证新品开发进度，确保新品质量 （5）新品上市需要做哪些准备 （6）新品迭代的具体方法是什么 （7）是否需要终止产品生命，具体方法是什么
集成供应链	供应商开发与评估、合格供应商管理、生产计划、物料采购、作业计划、制程管理、仓储与物流、品质管控、设备管理、工艺工程	（1）企业集成供应链有哪些具体的业务和活动？这些业务活动之间的逻辑关系如何？有哪些核心业务流程支撑供应链业务高效运营 （2）如何开发供应商？供应商开发的标准是什么 （3）生产计划、采购计划、作业计划如何有效衔接 （4）如何保证物料及时供应 （5）制程如何控制？异常如何处理 （6）仓储与物流方法是什么？如何提升仓储与物流效率满足订单需求 （7）来料、在制品、成品质量如何控制 （8）设备如何保障生产正常进行？如何权衡设备技术寿命、经济寿命与自然寿命之间的关系 （9）工艺工程如何保障生产正常进行
财务转型	预算制定与实施、资金管理、资产管理、融资管理、投资管理、会计核算、成本控制、费用管理、财务分析、税务管理	（1）企业财务管理有哪些具体的业务和活动？这些业务活动之间的逻辑关系如何？有哪些核心业务流程支撑财务业务高效运营 （2）财务预算编制与调整的原则是什么？具体流程是什么？如何通过控制预算达成公司年度经营目标 （3）为了满足经营需要，资金需求量是多少？资金来源渠道有哪些？如何保证 （4）财务投资如何控制？如何保证财务投资成功率 （5）会计核算规则健全吗？收入、成本、费用核算如何进行 （6）成本、费用控制的原则是什么？侧重点在哪里 （7）如何通过财务分析降低企业经营风险

4.企业人资系统

企业的任何经营策略及运营流程都需要人去执行，在执行的过程中如果责任不清、责权利不对等、员工能力不足或者意愿不强、员工士气低落、组织氛围不良等都会造成策略不能落地，流程无法执行，最终导致目标无法实现。为了解决这些问题，信睿SMART-EOS企业经营系统提出了企业人资系统构成的4大工程，即责任工程、发展工程、激励工程和幸福工程（表4-4）。

表4-4　企业人资系统主要内容及需要解决的核心问题

企业流程系统	主要内容	需要重点解决的问题
责任工程	公司一级结构、部门二级结构、部门使命与职能、定岗定编、岗位说明书、工作标准、职权与分权	（1）每个部门、每个岗位在企业需要承担哪些职责 （2）为了保证职责有效履行，员工需要具有哪些权力 （3）员工按照什么方法开展工作 （4）每项职责要达到什么标准 （5）是否存在人浮于事、工作不饱和的现象？企业确定编制的原则是什么
发展工程	岗位任职资格、职位横向与纵向发展路径、职业生涯规划、员工培训教育、优才计划、人才梯队规划与建设	（1）不同岗位的任职标准是什么 （2）在企业里面，不同职位横向、纵向发展路径清晰吗 （3）员工清楚自己的职业发展规划吗 （4）为了保证员工职业发展，企业有哪些具体、可实施的措施 （5）企业人才梯队建设有哪些具体措施
激励工程	物质激励、精神激励、短期激励、中期激励、长期激励、工资激励、福利激励、奖金激励	（1）员工激励矩阵是否明晰 （2）员工物质、精神层面的激励手段和方法有哪些 （3）短期激励、中期激励、长期激励手段和方法有哪些 （4）不同层级、不同职族员工工资、福利、奖金体系是如何设置的？效果如何
幸福工程	组织氛围、企业文化、员工士气、员工满意度、员工敬业度	（1）组织成熟度如何？组织氛围和谐吗 （2）员工士气是否高涨？为了提升员工士气，企业有哪些具体的措施与方法 （3）员工满意度、敬业度怎样？有无员工满意度、敬业度测量措施与弱项改进计划

5.企业信息系统

为了帮助企业流程有效固化，同时保证经营过程及经营结果可视化，避免"信息孤岛""企业失忆"等问题发生，企业有必要建立健全信息系统。在企业经营过程中，我们会面对大量新产生和发生变化的数据，同时根据企业经营需要还可能需要对原有的数据采集方式进行调整和优化，因此应深入分析和规划信息系统以便实现前面所说的目的是非常有必要的。

企业信息系统规划与实施前，企业需要思考和回答如下问题：为了保证经营过程可控是否有必要实施信息系统？现有系统是否可以支持新的流程运作？需要进行哪些方面的调整？是否需要开发新的功能模块或信息系统？如何根据不同流程之间的衔接实现相关信息系统的数据兼容？需要投入多少人力、物力和财力？是否值得投入？如何才能保证通过信息系统直观监控经营过程？通过上述问题的回答，我们可以为新设计的流程搭建良好的流程运作平台，提高相关数据采集的有效性，同时也可以回过头对流程进行调整与修改，以便于更好地适应企业的运行情况和承受能力。比如有些信息系统如果按照新的流程进行运作，需要进行大量的财务资金投入，而这种投入是企业所不能承受的，在这种情况下，我们就有必要对相关流程的输出数据、数据采集方式进行调整和优化。

我们通过图4-3这幅企业信息化系统生态图就可以一目了然地看到企业信息化建设的基本过程，可以说ERP是企业信息化建设的最高境界，而从MRP（Material Requirement Planning，物料需求计划）开始，再到MRPⅡ（Manufacture Resource Planning，制造资源计划）、DRP（Distribution Resource Planning，分销资源计划）、CRM（Customer Relationship Management，客户关系管理）、SCM（Supply chain management，供应链管理），最后才是ERP（Enterprise Resource Planning）。

同时为了发挥信息系统的价值，企业还需要进行系统集成，并在此基础上建立数据中心，完善企业商业智能及经营驾驶舱。如表4-5所示是企业信息系统主要内容及需要解决的核心问题。

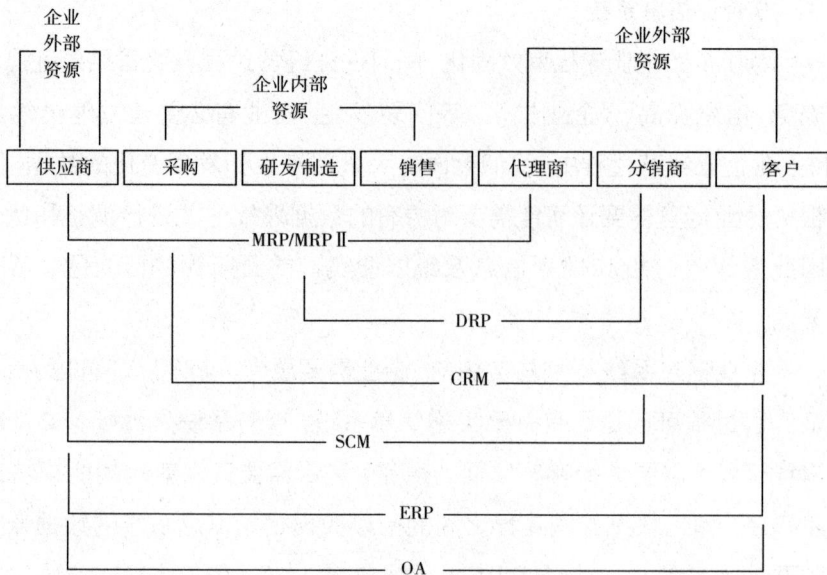

图 4-3　企业信息系统生态图

表 4-5　企业信息系统主要内容及需要解决的核心问题

企业流程系统	主要内容	需要重点解决的问题
业务蓝图与信息系统规划	业务蓝图绘制、基于业务蓝图进行信息系统需求识别、信息系统规划	（1）企业的核心业务有哪些？业务之间的逻辑关系是怎样的 （2）为了保证业务顺利开展和流程有效实施，企业究竟需要哪些信息系统？具体解决哪些问题
信息系统实施	信息系统选型与论证、信息系统实施规划、信息系统开发、信息系统实施与上线、信息系统优化与升级	（1）根据企业业务特性及需要选择什么样的信息系统 （2）如何保证信息系统按时上线，并有效运行 （3）根据公司业务及经营重点调整如何实时对系统进行优化与升级
系统集成与数据中心	信息系统集成需求识别、信息系统集成与数据呈现、数据中心规划与构建	（1）根据经营需要，要集成哪些数据？这些数据分别藏匿在哪个系统 （2）不同数据的呈现方式分别是什么
商业智能与经营驾驶舱	关键经营数据识别、商业智能规划、经营驾驶舱规划与维护、经营驾驶舱数据运用	（1）为了实现经营过程的可视化，需要建立什么样的商业职能系统 （2）系统如何有效支撑业务部门进行过程管控

根据前面对信睿SMART-EOS企业经营系统的说明，我们可以看到，企业想要做好经营，必须要从市值系统、梦想系统、流程系统、人资系统、信息系统多个维度进行建设与提升，当然阻碍企业经营的问题也会藏匿在以上要素当中，在解决问题之前，企业必须对每个问题按照经营系统需求进行定位分析，问题定位越准确，越容易抓住问题的本质，同时也就越容易判断问题的严重程度与紧急程度。

二、企业生命周期与问题定位

除了对问题根据企业经营系统进行明确定位之外，为了能够对问题进行全面认知，企业还需要对问题根据生命周期理论进行再次定位，因为企业在不同的生命周期阶段，需要解决的问题是不同的。如果问题过早解决的话，很可能花了很大的力气，但收效甚微；相应地，如果问题太迟解决，有可能会让企业付出成倍的代价，甚至造成无法弥补的损失。

就如很多管理者经常所讲的：如果企业早点实施规范化与流程管理，企业可能就会少走很多弯路。这句话表面上看似乎没任何问题，但如果认真考虑一下的话，你会发现企业存在很大的问题。大家要明白，规范化和流程管理并不是对任何企业发展都适用，假设企业是刚刚起步的创业期企业，你用流程去规范的话，很有可能会造成企业效率很低，甚至半路夭折。但如果企业到了成长期后期或者成熟阶段的话，流程及规范化管理就会发挥很大的作用。

如图4-4企业在发展的不同阶段，就像一个人处于不同的年龄阶段一样，其历史使命和经营重点是不同的，同时企业不同发展阶段所面临的问题以及解决这些问题的最佳路径和方法也是有差异的。比如同样是员工激励的问题，企业在初创期只需要做好薪酬福利体系设计、多关心员工的生活就可以，到了成长期就不够了，除了薪酬福利体系之外，还需要解决奖金体系，如果企业再往前发展到了成熟阶段，还需要解决核心员工期权、期股、股权等长期激励的问题。

再生发展
稳定
衰退

文化危机

战略危机

靠全面再
造而成长

秩序危机

死亡

靠独特竞
争而成长

生存危机

靠规范管
理而成长

靠创造而
成长

初创阶段　　成长阶段　　成熟阶段　　衰退阶段

年幼　　　　　　　　　　　　　　　　　成熟

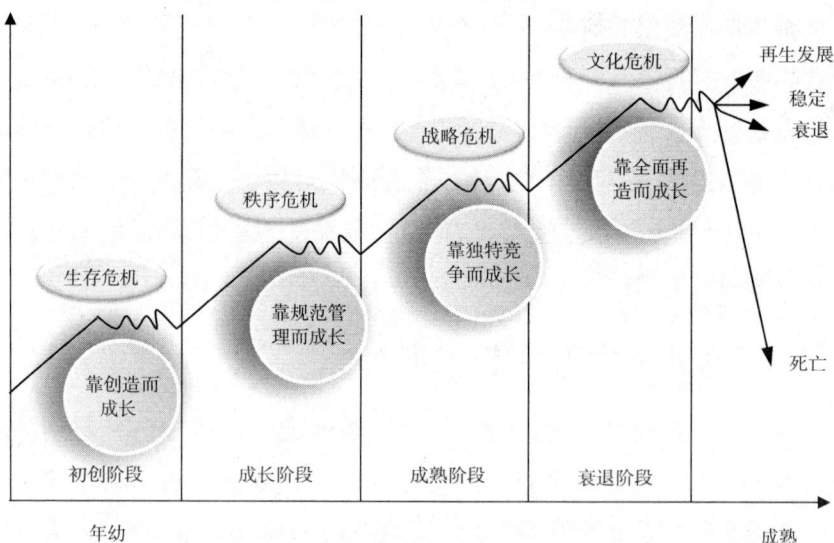

图4-4　企业生命周期理论

人的一生必须经历求学、成家、生子、立业等一系列人生阶段，孔子认为，"吾十有五而志于学，三十而立，四十而不惑，五十而知天命，六十而耳顺，七十而随心所欲，不逾矩"，不同的人生阶段对人生的感悟是不同的，当然企业也不例外，从小到大，必须经历初创、成长、成熟和衰退等不同发展阶段，不同发展阶段企业的经营重点是不同的，管理的侧重点也会存在非常大的差异。

初创阶段的企业最需要解决的是生存的问题，这时候企业往往是依靠某种市场机遇，抑或某种特殊的商业模式获得成长与发展，就如马云所说："初创企业的核心就两点：生存和赚钱"，这时候的企业一般规模都比较小、业务模式也相对简单，同时需要解决的问题也相对单一，企业对管理体系的依赖并不强，我们把这个阶段的企业经营系统定位为初始化级。

但随着步入了快速成长期，企业规模会不断壮大，业务也会慢慢变得越来越复杂，内部组织分工就会越来越细，专业化分工需要更专业化的人才。这个发展阶段的企业如果还是延续初创期粗放的管理模式，很有可能会遭遇灭顶之灾，提前进入衰退期甚至夭折，因此建立和健全企业内部的管理秩序(如业务蓝图、流程体系、组织职位体系、利益分配体系、员工激励计划、人才培养计划、梯队建设体系、目标绩效体系等)就成为这一发展阶段企业管理工作的核心,这个阶段的企业经营系统必须达到规范化级。

进入成熟期后,企业资产达到一定规模后保持相对稳定,业务模式趋于成熟,竞争格局趋于稳定,同时,经过多年的快速发展,企业也积累了比较丰富的管理经验,此时独特的企业文化便会初露端倪。但此时的企业往往又会表现出组织臃肿、运营效率低下、盈利能力下降、员工士气低落、创业激情丧失、持续发展乏力、战略导向模糊、组织变革困难重重、内部利益关系盘根错节等一系列问题。所有这些现象都预示着企业将面临极大的挑战和考验,此时,企业需要扁平化、分权化和系统化、柔性化的管理,为了充分发挥员工工作积极性,持续提升企业经营业绩,这时候需要企业对现有的经营系统进行优化。

随着企业步入衰退期,发展战略、市场营销、新产品研发、供应链运营、财务管理、成本控制、人力资源等方面都可能出现了问题,这就迫使企业对管理的各方面进行全面审视。值得注意的是,这时候最值得检讨的是发展战略和商业模式,企业需要通过对宏观环境、行业竞争及发展态势、自身经营状况、资源配置状况进行客观审视,重新确定企业发展愿景、定位以及总体发展战略、业务战略和职能战略,而这些又会成为这个阶段企业经营系统建设的重点。

可见,企业经营系统的建立,一定要与企业所处的发展阶段及战略诉求密切相关,而离开发展阶段及战略诉求去构建经营系统,很可能会导致事倍功半。这就是我们为什么会认为企业"在创立伊始就建立完善的经营系统"的观点失之偏颇的道理。

根据表4-6、表4-7可以看得出来,企业在不同的发展阶段其面临的问题及工作的侧重点是完全不同的,这就需要企业根据不同生命阶段需要解决的重点对问题进行定位。

表 4-6　不同生命周期阶段企业特征及成长策略

发展阶段	企业特征	成长策略
初创阶段	刚起步、规模小、团队凝聚力强、创业激情高、业务模式简单	靠创造和机会获得成长
成长阶段	业务快速发展、组织快速扩张、内部秩序混乱	靠内部管理获得成长
成熟阶段	业务扩张减缓、运营效率低下、盈利能力下降、员工士气低落、战略导向模糊	靠独特竞争获得成长
衰退阶段	战略迷失、增长乏力甚至停滞不前、人浮于事、组织臃肿、官僚主义严重、员工士气低下	靠全面再造获得成长

表 4-7　不同生命周期阶段企业经营系统建设重点

发展阶段	企业经营系统级别	经营系统重点				
		市值系统	战略系统	流程系统	人资系统	信息系统
初创阶段	初始化级	顶层设计、金融思维、商业模式	使命、愿景、年度经营计划	业务选择与定义、计划体系、项目管理体系	组织定义、薪酬福利体系、核心团队建设	业务蓝图
成长阶段	规范化级	顶层设计、金融体系、商业模式、竞争体系、发展体系、加速体系、风控体系	使命、愿景、价值理念、发展战略、年度经营计划	价值链选择、业务蓝图规划、业务流程、管理流程	组织体系、激励体系、任职资格、人才培养、企业大学	业务蓝图、IT规划、信息化导入
成熟阶段	优化级	顶层设计、金融体系、商业模式、竞争体系、发展体系、风控体系、加速体系	战略升级、年度经营计划、基本法、文化建设	价值链重组、业务蓝图优化、流程体系优化	组织体系、集团管控、关键岗位、核心员工中长期激励	信息化升级、信息系统集成、商业智能
衰退阶段	再造级	顶层设计、金融体系、商业模式、竞争体系、发展体系、风控体系、加速体系	战略转型、企业文化再造、基本法重塑、年度经营计划	价值链再造、业务蓝图再造、业务流程再造	人力资本再造、组织再造	业务蓝图再造、信息化再造

与上面提到的企业生命周期四段论类似，全球最有影响力的管理学

家之一，企业生命周期理论创立者、组织变革和治疗专家伊查克·爱迪思在其《企业生命周期》一书中对企业生命周期进行了细化，他将企业生命周期分为孕育期、婴儿期、学步期、青春期、壮年期、稳定期、贵族期、官僚早期、官僚期、死亡期10个阶段，如图4-5和表4-8所示。

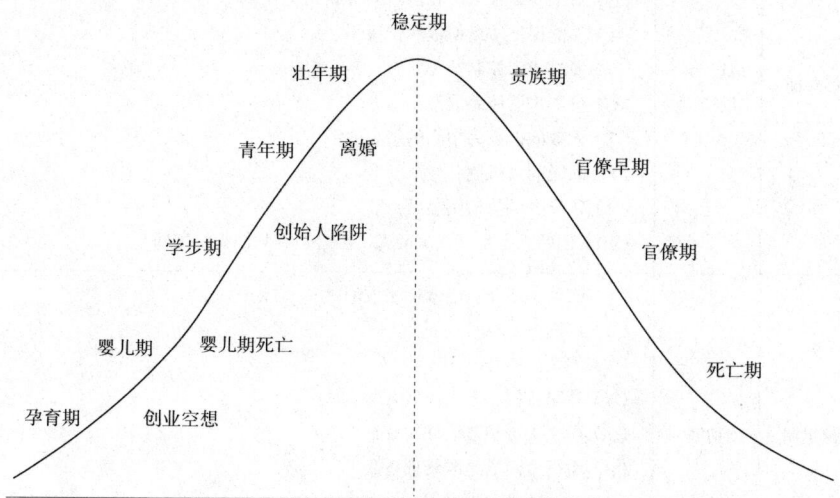

图4-5 伊查克·爱迪思企业生命周期

表4-8 伊查克·爱迪思企业生命周期理论

发展阶段	阶段目标	阶段所面临的问题
孕育期	相应需求	（1）承诺没有经过现实检验 （2）没有深入思考细节 （3）不切实际的狂热创始人 （4）利润导向——只关注投资回报 （5）承诺与风险不匹配 （6）创始人的控制权极度脆弱
婴儿期	资金	（1）过早以销售为导向 （2）承诺被摧毁 （3）预料之外的负资金流 （4）过早授权 （5）过早制订流程、制度和规范 （6）不愿倾听别人的意见，一意孤行 （7）不允许犯错误 （8）漫长且看不到尽头的婴儿期

续表

发展阶段	阶段目标	阶段所面临的问题
学步期	销售与市场份额	（1）自负、缺少焦点 （2）利润导向 （3）对于要做什么没有清晰的边界 （4）不能保证质量但依然销售 （5）没有成本控制 （6）员工工资体系混乱 （7）无效的以人为中心的组织体系 （8）缺乏问责机制 （9）领导者偏执情绪蔓延 （10）创始人是不可或缺的人，但公司颓势已无法挽回
青年期	利润	（1）回到学步期，陷入创始人陷阱 （2）目标不一致 （3）创始人离开 （4）公司亏损，个人依然有奖金 （5）快速失去相互信任与尊重 （6）实行分而治之的管理方式 （7）过度地进行控制 （8）过早引入利润共享机制 （9）利润增加，但销售下滑
壮年期	销售与利润	分权不足
稳定期	保持盈利	（1）出现了分裂的迹象 （2）出现了创业激情下降的迹象 （3）依靠老办法做事，缺乏创新 （4）过度安全感、缺乏危机感 （5）日常管理费用占比增加 （6）权力转移到远离一线的人员手中 （7）不愿意再冒风险 （8）不再展望未来
贵族期	投资回报	（1）发展欲望降低 （2）对于征服新市场、新技术和开辟新领域兴趣不大 （3）重视过去的成就，而非未来的前景 （4）奖励顺从者 （5）将钱花到控制系统、福利及各种设施上 （6）更关心如何做事，而非做什么和为什么做

续表

发展阶段	阶段目标	阶段所面临的问题
官僚早期	个人生存	（1）过多关注是谁导致了问题，而不是关注应该对问题做什么及为什么做 （2）员工不去设法处理问题，而是卷入人际冲突当中，彼此在后面说坏话，诋毁对方 （3）偏执情绪使公司变得僵化 （4）每个人都卷入内部的派系斗争，以至于没有人有时间处理外部顾客的需要
官僚期	内、外部 派别斗争	（1）制度繁多，但很少是为了提高工作效率，更多是为了控制 （2）文山会海，会议效率低下 （3）与环境脱节，只关心自己而不关心对手及经营环境 （4）顾客不得不想出各种办法来绕开制度构成的障碍 （5）组织僵化，派系斗争越发明显
死亡期	奇迹	（1）颓势已经不可避免 （2）期望出现奇迹能使公司起死回生

根据前面的分析我们可以看到，不管是"四阶段生命周期理论"，还是伊查克·爱迪思提出的"10阶段生命周期理论"，企业在不同的生命周期阶段，其发展特征、关注重点是不同的，由此造成不同阶段需要重点关心和解决的问题也是不同的。精确定位企业发展阶段，并明确现阶段最应该解决的问题对于帮助企业解决问题至关重要。

三、如何对企业问题进行定性

前面我们分别从信睿SMART-EOS企业经营系统、企业生命周期理论两个角度对企业的问题进行了定位分析，在对问题进行分析之前，企业还需要进一步对存在的问题进行定性分析。根据我们过去的经验，我们把企业的问题定性为系统紊乱、功能障碍、营养不良、成长烦恼共4种类型。

如图4-6我们可以看到，对一个人而言，他必须有正确的世界观、价值观和人生观，同时一个人还承载了种族延续、家族传承、事业发展的人生使命，另外人体还有五官（耳、鼻、眉、眼、口）、四肢（手、脚）、五脏（心、肝、脾、肺、肾）、六腑（胆、胃、大肠、小肠、三焦、膀胱）等功能性器官，还必须具备运动系统、消化系统、呼吸系统、泌尿系统、生殖系统、免疫系统、神经系统、循环系统、内分泌系统等9大系统，此外为了维系生命，人体还需要碳水化合物、纤维素、油脂、蛋白质、维生素、水、无机盐等营养素，而且这些营养素缺一不可。

我们经常讲企业如人、人如企业。只要我们把人体的构造和运作原理搞清楚了，再看看企业的话就不会显得那么复杂了。

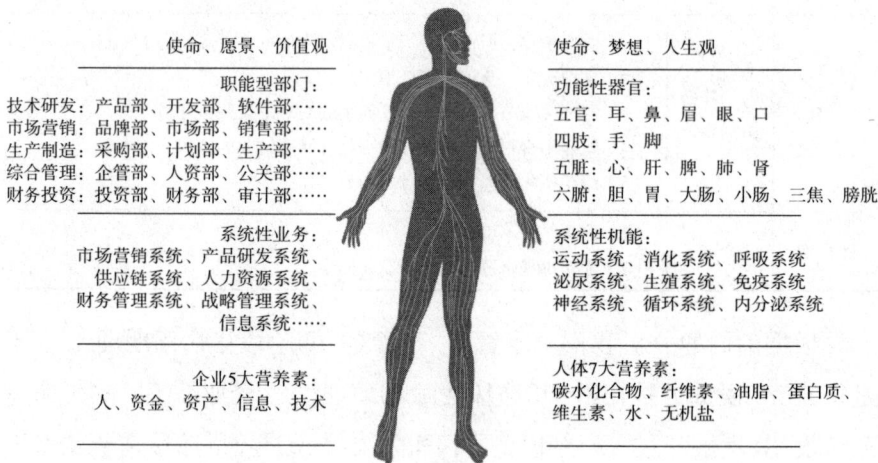

使命、愿景、价值观

职能型部门：
技术研发：产品部、开发部、软件部……
市场营销：品牌部、市场部、销售部……
生产制造：采购部、计划部、生产部……
综合管理：企管部、人资部、公关部……
财务投资：投资部、财务部、审计部……

系统性业务：
市场营销系统、产品研发系统、
供应链系统、人力资源系统、
财务管理系统、战略管理系统、
信息系统……

企业5大营养素：
人、资金、资产、信息、技术

使命、梦想、人生观

功能性器官：
五官：耳、鼻、眉、眼、口
四肢：手、脚
五脏：心、肝、脾、肺、肾
六腑：胆、胃、大肠、小肠、三焦、膀胱

系统性机能：
运动系统、消化系统、呼吸系统
泌尿系统、生殖系统、免疫系统
神经系统、循环系统、内分泌系统

人体7大营养素：
碳水化合物、纤维素、油脂、蛋白质、
维生素、水、无机盐

图4-6　企业问题定性

对人而言，一个人需要有强烈的使命感，必须对未来充满梦想和追求，同时具有正确的价值观，企业也一样，任何一家企业也都必须有明确的使命、愿景和价值理念。

另外，人体需要具备五官四肢、五脏六腑等功能性器官，与之相对的是企业需要设置技术开发、市场营销、供应链等若干个业务部门，以及人力资源、财务管理等若干个职能部门，不同部门扮演不同的角色，它们之间相互协同，共同发展。

还有对于人体而言，不同的功能性器官会共同组成9大机能性系统，有些系统负责食物的消化，有些系统负责呼吸，有些系统负责内分泌，有些系统负责人体免疫等。企业也是一样的，有些系统负责市场调研、客户需求挖掘、产品定义并将新产品开发出来，有些系统负责将公司产品和服务卖给客户，还有些系统则需要将开发的产品实现生产并按照客户订单要求保质保量、按时完成客户需求。

最后，人体正常生存还需要7大营养素，就如企业运作还需要人、资金、资产、信息、技术5大营养素一样。营养缺乏、营养不良都会引起企业发展出现问题。

我们假设一下，如果一个人出问题了，最严重的问题是什么呢？毋庸置疑，首先肯定是系统性机能出现的问题，其次是功能性器官的问题，最后才是缺乏营养的问题。一样的道理，对于一家企业而言，最严重的问题也肯定首先是系统紊乱的问题，其次是功能障碍的问题，最后才是营养不良的问题。

根据前面的分析，我们对企业存在的问题将按照问题的严重程度分为系统紊乱、功能障碍、营养不良、成长烦恼四个等级，企业在对问题分析之前需要按照这四个等级对问题进行定性。如表4-9所示。其中系统紊乱、功能障碍、营养不良三类问题大家很好理解。关于成长烦恼，我们是这样理解的，就如人需要经历青春叛逆期、择业迷茫期、中年危机期、更年期、死亡恐惧期等正常的生理、心理阶段一样，企业从初创期开始，必须经历成长期、成熟期、衰退期等阶段，伴随着企业不断发展壮大，不同发展阶段的企业会存在本阶段正常遇到的问题。初创期的企业会面临业务选择困难、内部运作混乱等问题，企业在成长期的时候会发现人员储备不足、流程缺失等问题，成熟期又会面临员工创业激情下降、管理费用过高、缺乏创新、官僚作风凸显等问题，而衰退期的企业又会面临盈利能力下降、企业文化分裂、团队稳定性降低等问题，我们把这些问题都归结为成长烦恼，因为这些问题是伴随着企业的成长壮大应运而生的。

表4-9　企业问题定性分析

问题类型	严重程度	问题紧急程度	问题解决层面
系统紊乱	严重	非常紧急	公司层面
功能障碍	较严重	一般紧急	部门层面
营养不良	较严重	一般紧急	公司层面
成长烦恼	正常	不紧急	未来解决

【案例4-1】 深圳某LED照明企业问题定位、定性分析

深圳某LED照明企业成立于2002年12月，是国内领先的集研发、设计、生产和销售为一体的中、高端LED光源器件封装和LED应用照明产品提供商，为客户提供高品质LED光源器件和LED应用照明产品的"一体化"解决方案。

该企业2012年在深圳证券交易所上市后迎来了巨大的发展机遇，通过近几年的快速扩张，已发展成为国内LED行业中一颗璀璨的明星，为了帮助该企业顺利实现未来百亿产值、千亿市值的宏伟目标，我们从2015年开始着手为该企业提供全方位的经营系统升级服务。

经过15年的发展，企业目前正处于快速成长期后期，即将跨入成熟阶段，表4-10是我们在帮助该企业进行问题改善和提升时，对该企业问题进行的定位、定性分析。

表4-10　深圳某LED照明企业问题定位、定性分析（部分）

问题描述	问题定位					问题定性分析			
	市值系统	梦想系统	流程系统	人资系统	信息系统	成长烦恼	营养不良	功能障碍	系统紊乱
品牌宣传力度不强，行业推广及品牌宣传较少			V						V
销售人员个人综合能力参差不齐，产品知识掌握不足，销售技能不够				V			V		
销售订单准时交付率低下			V						V
客户售后服务诉求响应不及时，涉及客户索赔的售后服务事件延期结案严重			V					V	
缺乏对细分市场的调研与分析，无法准确定位市场对产品的要求			V						V
缺少订单交货周期评估机制			V					V	
采购定价、调价机制不利于供应商准时交货，急需优化			V						V
全员成本意识理解片面，各部门降本内容不全面			V						V

续表

问题描述	问题定位					问题定性分析			
	市值系统	梦想系统	流程系统	人资系统	信息系统	成长烦恼	营养不良	功能障碍	系统紊乱
专业培训较少，且培训内容与参训人员工作需求结合度不高				√			√		
针对公司级项目，内部激励机制不完善，无法最大化激发员工工作潜能				√					√
公司年度经营计划跟踪与评价体系缺失		√							√
公司风控体系不健全，离上市企业标准差距很大	√								√

【案例4-2】江苏某初创型企业问题定位、定性分析

江苏某企业主要从事数字电视端到端全套解决方案、双向网络传输设备、卫星电视接收设备、无线广播电视传输设备、微波电子陶瓷新材料等多个领域的研发、制造与生产，以下是我们对该企业所面临成品库存积压过多的问题进行的分析。

该企业是一家初创型企业，由于公司创业团队过去成功的职业背景，公司产品开发进展顺利，同时市场拓展非常顺利，公司成立虽然不到一年的时间，但企业经营已经取得了不错的业绩。公司在快速发展的同时，也遇到了一些前所未有的挑战，表4-11是我们在帮助该企业进行问题改善和提升时，对该企业问题进行的定位、定性分析。

表4-11 江苏某初创型企业问题定位、定性分析（部分）

问题描述	问题定位					问题定性分析			
	市值系统	梦想系统	流程系统	人资系统	信息系统	成长烦恼	营养不良	功能障碍	系统紊乱
公司核心技术团队人才匮乏，导致很多新项目推进缓慢				√		√			

续表

问题描述	问题定位					问题定性分析			
	市值系统	梦想系统	流程系统	人资系统	信息系统	成长烦恼	营养不良	功能障碍	系统紊乱
交付团队人员经验不足，造成项目交付总是滞后				V					V
部门之间、岗位之间责任界定不清，缺乏清晰的流程指引			V			V			
企业发展资金储备不足		V				V			
核心团队对公司未来发展出现了分歧，而且很难相互说服		V				V			
成品库存积压太多			V						V

四、如何正确看待企业存在的问题

既然每家企业都会存在诸多问题，企业建立正确的问题观念就显得很关键，根据多年的经验，我们把如何看待企业存在的问题总结为：

1. 任何企业都存在这样或那样的问题

通过前面的分析，我们发现每家企业都会存在这样或那样的问题，换句话来讲，企业存在问题是很正常的事情，只不过企业需要根据生命周期及经营系统需要，及时发现影响当期经营及长期发展需要的问题并加以解决。没必要对存在的问题过分夸大，也绝对不能对问题视而不见。

2. 企业的问题是在发展中产生的，同样也需要在发展中去解决

因为企业不断往前发展，在发展的过程中竞争环境、发展战略、客户诉求、目标实现策略、管理对象、管理手段和方法都无时无刻不发生着变化，在变化中企业的问题也就随之而生。企业是根据需要在发展过程中去解决问题，就同前言中提到的"边脱长裤边跑步"的道理是一样的。

3. 企业的问题是动态的

正因为企业始终处于不断变化中，所以企业的问题都是动态的。同样，当企业有订单需要交付的时候，全公司上上下下都在动态的过程中相互协同、相互支持，最终达成经营目标。

4. 企业的问题是相对的

我们承认任何一家企业都存在这样或那样的问题，企业存在的任何问题是不是都必须加以解决呢? 还有表面上看到的问题都是真实的吗? 我们认为，企业的问题是相对的，即如果某个问题对于经营目标的实现或者未来发展有影响，这个问题是必须解决的，反之，即便问题也存在，但限于企业时间、精力、人力、物力、财力等种种限制，企业可以把这些问题放一放。

5. 有问题并不可怕，可怕的是不能发现问题、分析问题、解决问题和杜绝问题

企业存在问题很正常，但如果所有人对问题视而不见、听而不闻，或者不去认真分析和解决，这才是企业存在的最大问题; 另外，外部因素造成的问题很容易发现，但企业自己存在的问题很难察觉，正所谓"不识庐山真面目，只缘身在此山中"。

6. 找准发现问题的方法是关键

发现问题有很多种方法，如问卷调查、绩效分析、资料查阅、结构化访谈、标杆分析、头脑风暴、现场观察，问题也有很多种来源，如方向不明、目标不清、责任不明、方法不对、能力不足、意愿不强、氛围不正，选择最佳的问题分析发现方法，对症下药才是发现问题的王道。

7. 发现问题，成功一半

经营能力弱的企业往往已经处在问题的边缘，但还不能及时发现并加以解决，最终导致问题越来越严重，最终深陷问题泥潭而无法自拔。因此，及早发现问题，就已经成功了一半。

就如蔡桓公如果第一次听从扁鹊的建议 (君有疾在腠理，不治将恐深)，或者第二次听从扁鹊的建议 (君之病在肌肤，不治将益深)，或者第三次建议 (君之病在肠胃，不治将益深)，就不会发生后来的"今在骨髓，臣是以无请也"以及"桓侯体痛，使人索扁鹊，已逃秦矣，桓侯遂死"的悲剧。

8. 对企业问题定位、定性分析的目的是统一对问题的看法，将企业所有资源与员工注意力全都聚焦到企业经营上来

关于这个问题，从表面上看似很难的事情，因为员工想得到的与企业

所想的似乎很难达成完全一致，但当我们抽丝剥茧，看到问题本质的时候，这个问题就显得不那么难理解和操作了。

科学管理之父泰罗在其《科学管理原理》一书开头便明确地指出：管理的主要目的应该是使雇主最大限度实现富裕，也联系着使每位雇员实现最大限度的富裕。从这个意义上来讲，不管是企业，还是员工都期望通过自己的努力让自己实现富裕。因为对于企业而言，最大的富裕意味着用尽可能低的劳动成本实现尽可能高的利润。而对于员工而言，最大限度富裕则意味着获得比其他同类员工更高的工资和其他回报。

泰罗认为，要实现这个看似矛盾的目标，就必须使企业和员工双方在思想上进行彻底改变，使"双方不再把注意力放在盈余分配上，不再把盈余分配看作是最重要的事情。他们应该将注意力转向增加盈余的数量上，使盈余增加到使如何分配盈余争论成为不必要"。也就是说，企业和员工要统一认知、统一行动、彼此协作，共同致力于增加销量、降低成本与费用、提升效率，进而提高企业盈利能力及盈利水平，实现"高工资与低劳动成本相结合"。因此，泰罗提出：企业和员工的紧密、亲切的协作，是现代科学或责任管理的精髓。

可见，科学管理的实质在于寻找一条途径和方法：使企业的利益和员工的利益能够同时得到满足，从而消除对立，实现"共同富裕"的目的。我们在分析问题之前，学会对问题定位、定性也是这个目的，期望让员工站在企业的角度思考企业想要解决的问题，进而让双方对问题的认知达成共识。

9. 山不过来，我就过去

一定要让所有员工明白企业请你来的目的就是为了解决问题。面对企业存在的问题，唯有勇敢地面对它、消灭它，而不能被动地等着让问题来消灭你。优秀的员工要么把问题消灭掉，要么战死在消灭问题的路上，总之，员工在不断解决问题的过程中体现自己的价值，企业在不断解决问题的过程中提升经营能力、改善经营结果，从优秀走向卓越，从卓越走向基业长青！

第五章

问题分析的8种工具和4种方法

常见分析问题的8种工具

企业问题分析的4种方法

企业问题分类的8种方法

企业问题分析诀窍

一、常见分析问题的8种工具

前面提到，发现问题，成功一半。可见，对企业而言，发现问题是一项极其重要的能力。为了帮助企业快速、准确地发现问题，企业可以经常对照目前现状问自己以下6个问题，以便及早发现问题，并加以解决。

（1）目前的状况与企业的期望之间有无落差？

（2）目前的状态与之前相比有没有发生什么变化？

（3）是否觉得哪些地方进展不顺利？

（4）是否有些事情未达到标准？

（5）有没有哪些事情未达到企业预期的状态？

（6）如若置之不理，将来是否会发生重大的不良状态？

关于如何发现问题，通过第一章、第二章、第三章、第四章的系统介绍，我想读者朋友一定已经有了明确的方法，接下来我们再来看看针对已经发现并识别需要解决的问题如何进行系统分析，以便我们能够抓住问题的本质，做到事半功倍。

分析问题有很多成熟的工具和方法，常见的有以下8种：六项思考帽、逻辑树、5W2H、思维导图、鱼骨图、SCQA分析法、8D分析法、DMAIC分析法等。

1.六项思考帽

六项思考帽是英国学者爱德华·德·博诺博士开发的一种思维训练模式，或者说是一个全面思考问题的模型。它提供了"平行思维"的工具，避免将时间浪费在毫无价值的互相争执上。六项思考帽强调的是"能够成为什么"，而非"本身是什么"，是寻求一条向前发展的路，而不是争论谁对谁错。运用博诺的六项思考帽，将会使混乱的思考变得更清晰，使团体中无意义的争论变成集思广益的创造，使每个人变得富有创造性。

根据爱德华·德·博诺的《六项思考帽》一书，企业在进行问题分析的时候，学会用六项思考帽便可直观、简单地找到问题的真实原因。表5-1是六项思考帽思维模式的对比。

表 5-1　六顶思考帽思维模式对比

思考帽	特征	分析问题的倾向
白色思考帽	中立而客观、追求客观事实与数据	我们有哪些信息 我们还需要哪些信息
绿色思考帽	绿色代表茵茵芳草，象征勃勃生机；绿色思考帽寓意创造力和想象力	有什么不同的想法 新的想法、建议是什么 可能解决的办法和行动过程是什么 有哪些新的选择
黄色思考帽	黄色代表价值与肯定。戴上黄色思考帽，人们从正面考虑问题，表达乐观的、满怀希望的、建设性的观点	为什么这个值得去做 这样做会带来哪些好处 为什么可以做这件事情 它会起到什么作用
黑色思考帽	黑色代表阴沉、负面，戴上黑色思考帽考虑事务的负面因素	这是真的吗 它起什么作用 真的对我们有价值吗 缺点是什么
红色思考帽	红色是情感的色彩。戴上红色思考帽，人们可以表现自己的情绪，还可以表达直觉、感受、预感等方面的看法	可能会采取哪些行动 采取这些行动的资源充分吗 下一步的具体工作计划是什么 由谁来负责 控制节点、里程碑分别是什么
蓝色思考帽	蓝色思考帽负责控制和调节思维过程	我们现在在哪里 将去哪里 如何才能到达

　　另外，六顶思考帽分析问题的六个步骤分别为：陈述事实（白色思考帽）、提出建议（绿色思考帽）、列举优点（黄色思考帽）、列举缺点（黑色思考帽）、直觉判断（红色思考帽）、归纳总结（蓝色思考帽）。

　　（1）运用"白色思考帽"来思考、搜集各环节的信息，收取各个部门存在的问题，找到基础数据。

　　（2）戴上"绿色思考帽"，用创新的思维来考虑这些问题，不是一个人思考，而是各层次管理人员都用创新的思维去思考，大家提出各自解决问题的办法、好的建议、好的措施。也许这些方法不对、甚至无法实施。但是，运用创新的思考方式就是要跳出一般的思考模式。

　　（3）戴上"黄色思考帽"，对所有想法从"正面、积极、肯定"的角度进行逐个分析。

（4）戴上"黑色思考帽"，对所有想法从"负面、阴沉、否定"的角度进行逐个分析。

注意：通过"黄色思考帽"和"黑色思考帽"对所有的想法从"光明面"和"良性面"进行逐个分析，对每一种想法的危险性和隐患进行分析，找出最佳切合点。"黄色思考帽"和"黑色思考帽"这两种思考方法，就好像是孟子的性善论和性恶论，或者像赫茨伯格的X理论和Y理论，都能进行否决或肯定。

（5）到了这个时候，再戴上"红色思考帽"，从经验、直觉上，对已经过滤的问题进行分析、筛选，做出决定。

（6）在分析问题的过程中，还应随时运用"蓝色思考帽"，对思考的顺序进行调整和控制，甚至有时还要刹车。因为，观点可能是正确的，也可能会进入死胡同。所以，在整个思考过程中，应随时调换思考帽，进行不同角度的分析和讨论。

2.逻辑树

逻辑树又称问题树、演绎树或分解树等，是知名咨询公司麦肯锡提出的一种分析问题的工具，逻辑树是将问题的所有子问题分层罗列，从最高层开始，并逐步向下扩展。

用逻辑树分析问题的时候将已知的问题当成树干，然后开始考虑这个问题和哪些相关问题或者子任务有关。每想到一点，就给这个问题（也就是树干）加一个"树枝"，并标明这个"树枝"代表什么问题。一个大的"树枝"上还可以有小的"树枝"，如此类推，找出问题的所有相关联项。逻辑树主要是帮助你理清自己的思路，不进行重复和无关的思考。

为了让读者能够更加简单掌握逻辑树这种问题分析工具，如图5-1，大家可以将已知的问题视为是冰山的上半部分，往往这些问题是看得见、摸得着的，但它是不是问题的本质，或者问题产生深层次的原因是什么呢？根据逻辑树分析原理，我们把问题产生的原因分为近因、过渡因、远因三种，即企业在分析问题的时候，一定要搞清楚这个问题产生的原因（近因）的原因（过渡因）的原因（远因）。

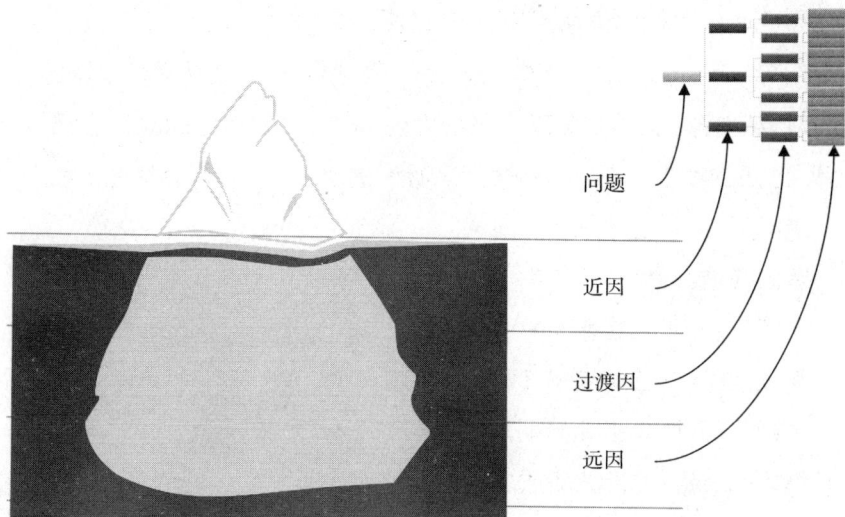

图 5-1　逻辑树

　　用逻辑树分析问题的时候，把发现的问题描述在逻辑树的主干上，然后依次将近因、过渡因、远因展开就好了。如图5-2所示。

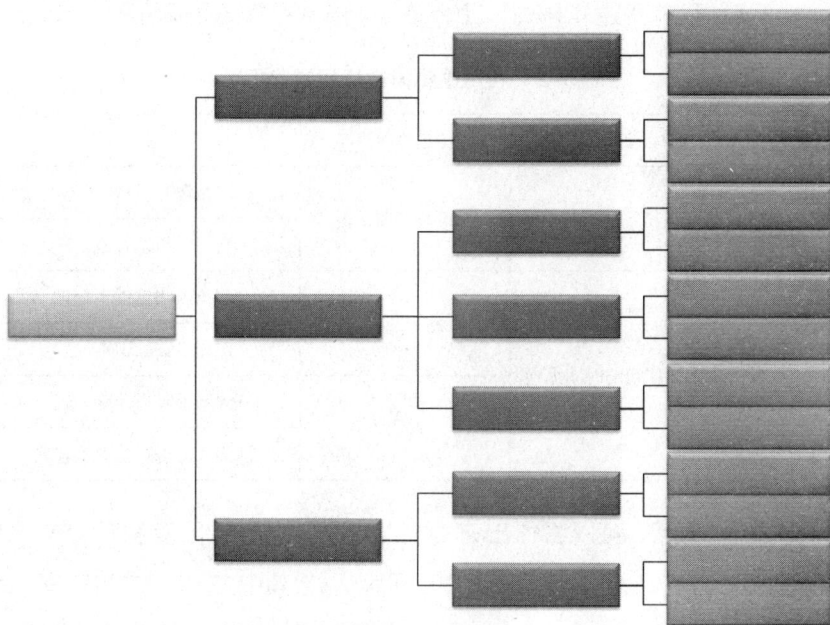

图 5-2　逻辑树

为了便于大家理解，我们举例来说明。

记得几年前我从深圳开车去广州听课，早上六点我从深圳出发，到广州的时候刚好赶上早上上班高峰期大塞车，结果到课堂的时候已经上午10:35了，正当我推门进去准备坐下来听课的时候，授课老师拦住了我。

老师问：为什么才来？

我回答道：因为广州塞车。

老师又问：为什么塞车？

继续回答道：上班高峰期车多。

老师再问：为什么高峰期车多？

继续回答道：广州没有限行、限号啊。

老师还问：广州为什么没有限行、限号？

我：……

老师看我很不服气的样子，他就让我站在教室后面去听，并且告诉我如果这个问题没想清楚就一直站在那里。

接下来，我就用逻辑树对以上问题进行分析，如表5-2所示：

表 5-2　利用逻辑树进行问题分析

问题	近因	过渡因	远因
上课迟到了	广州塞车	上班高峰期车多	广州没有限行、限号
			广州人有钱
	到达广州的时间太晚	路不熟，开错了路	广州道路设计不合理
			广州道路标识不清楚
		早上起得太晚	前一天晚上睡得太晚，起不来
			因为我觉得这堂课不重要

如表5-2所示，可以看得出来，导致上课迟到的近因有两项：其一为"广州塞车"，其二为"到达广州的时间太迟"。其中，对应"广州塞车"的过渡因为"上班高峰期车多"，对应"上班高峰期车多"的远因有两项，分别为"广州没有限行、限号""广州人有钱"；对应"到达广州的时间太迟"

的过渡因也有两项，其一为"路不熟，开错了路"，其二为"早上起得太晚"，进一步分析又发现导致"路不熟，开错了路"的远因又有两项，分别为"广州道路设计不合理"和"广州道路标识不清楚"；导致"早上起得太晚"的远因又有两项，分别为"前一天晚上睡得太晚，起不来"和"因为我觉这堂课不重要"。

分析到这里，我想大家不难发现，"广州没有限号""广州人有钱""广州道路设计不合理""广州道路标识不清楚""前一天晚上睡得太晚"等都不是我迟到的主要原因，真正导致我上课迟到的原因就是"因为我觉得这堂课不重要"，这才导致"早上起得太晚"，进而致使自己"到达广州的时间太迟"，所以"上课迟到了"。大家想想，如果要避免这次上课迟到，唯一的解决方案就是要想办法让我对这次课引起足够的重视。如图5-3所示。

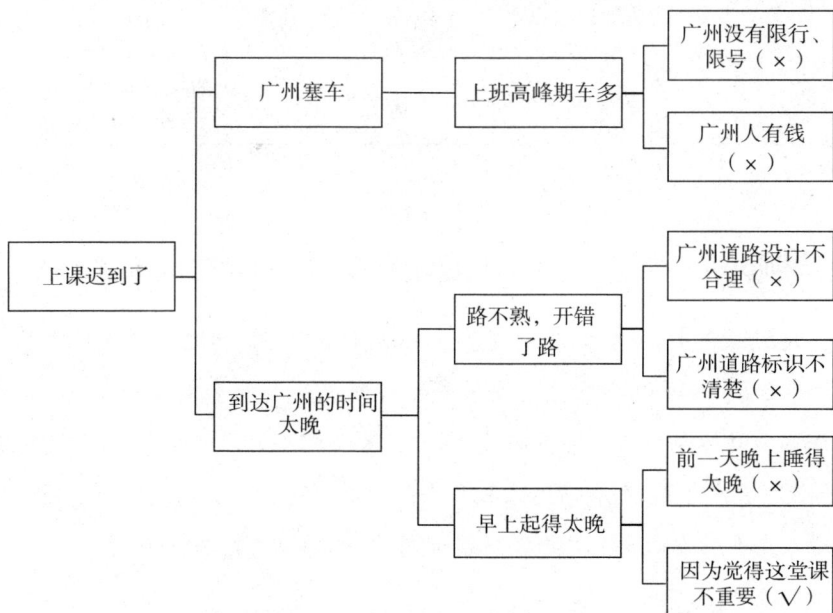

图 5-3　上课迟到问题分析逻辑树

简而言之，企业要想运用逻辑树分析问题，请大家记住这样一句话：发现问题的问题的问题，分析原因的原因的原因，学会连问三个"为什么"，问题的本质就会自然显现。与连问三个"为什么"相对应的，企业也可以连问三个"问题"，即挖掘问题背后的问题，同理，学会连问三个"问题"，问题的本质也就会呈现在你面前。

另外，麦肯锡把逻辑树分成三种类型，分别为议题树、假设树、是否树，如表5-3所示，它们的特点及应用环境不同。

表 5-3　麦肯锡逻辑树类别对比

逻辑树类型	描述	作用	应用场景
议题树	将一项事物细分为有内在逻辑联系的副议题	将大问题分解为可以分别处理并利于操作的小问题	在解决问题过程的早期，这是还没有足够的可以形成建设的基础
假设树	假设一种解决方案，并确认足够必需的论据来证明或否定这种假设	较早集中于潜在的解决方案，加快解决问题的进程	当对情况没有足够多的了解时，能够提出合理的假设
是否树	说明可能的决策和相关的决策标准之间的联系	确认对目前要做的决定有关键影响的问题	当对事物或问题及其过程有很好的理解时，并可以将此作为沟通的工具，帮助解决问题

【案例5-1】深圳某LED照明企业订单准时交付率逻辑树

延续案例4-1，我们在确定该企业2016年经营目标的时候发现由于行业竞争加剧，客户对订单准时交付率指标的关注度越来越高，过去该企业承诺客户的标准订单交付周期为11天，后来压缩到9天，而根据该企业的实际情况，客户订单9天准时交付率很低，仅为20%左右。面对这样的问题，我们对该企业面临的这一问题按照逻辑树进行了分析（见表5-4、表5-5）。

表 5-4　深圳某LED照明企业订单准时交付问题现状分析

实际交货周期	9天交货	10~11天	12~13天	14~15天	16~17天	18天以上	合计
交货批数	12	7	13	20	7	1	60
占比	20%	11%	21%	34%	12%	2%	100%

从表5-4可以看得出来，该企业按照9天交货的订单占比只有20%，近

一半的订单交付周期甚至达到14天以上。

表 5-5　深圳某 LED 照明企业订单准时交付问题逻辑树

问题	近因	过渡因	远因
订单不能准时交付	销售原因	客户订单变更频繁	订单计划性不强
		订单描述不清晰	缺乏订单录入描述规范
			录单人员能力不足
	采购原因	原料供货周期太长	
		原料供应品质异常	供应商品质体系不健全
			供应商评估体系不完善
		OEM 工厂能力不足	OEM 工厂评估体系不完善
	研发原因	面向订单的开发周期太长	研发人员能力不足
			研发项目管理体系缺失
	资材原因	计划制订不合理	
		物料排单不准确	
	生产原因	产能利用率低下	
		人员配置不足	
		计划总是不能准时结单	
	物流原因	成品不能及时送达客户	发货准时率较低

可以看得出来，造成该企业订单准时交付的近因有6个，分别为销售原因、采购原因、研发原因、资材原因、生产原因和物流原因，而采购原因的过渡因有3个，分别为原料供货周期太长、原料供应品质异常、OEM工厂能力不足，造成原料供应品质异常的远因又有2个：供应商品质体系不健全、供应商评估体系不完善，同时造成OEM工厂能力不足的远因是OEM工厂评估体系不完善。按照上表层层分析，我们就很容易找到导致该企业订单准时交付率低的真实原因。

【案例5-2】江苏某公司成品库存积压过多问题逻辑树

延续案例4-2，我们在帮助该企业进行2017年度经营业绩提升的过程中发现，该企业每年销售收入为2亿元，但成品库存竟然达到了6800万元，成品在库周期平均320天，超过30%的成品在库周期甚至超过了360天，远远超出了该企业设定的成品安全库存线，同时由于成品库存积压太多，造成目前企业运营面临极大的挑战，表5-6是我们对该企业所面临成品库存积压过多的问题进行的逻辑树分析。

表5-6　江苏某公司成品库存积压过多问题逻辑树

问题	近因	过渡因	远因
成品库存太多	生产计划不准确	生产计划异常调整	销售计划异常调整
		生产计划达成率低	设备异常打乱正常生产
	销售计划不准确	销售预测不准确	销售预测技能不足
			销售预测机制缺失
		销售计划执行不规范	
	供应链管理不规范	物料采购	物料交付准时率不高
			物料交付合格率太低
		物流原因	不能及时发出成品
		仓库原因	安全库存设置不合理
			成品退货控制不力
			成品库存防护措施不当，造成成品损坏
			发货未按照"先进先出"原则，导致很多成品过期

同理，我们可以看到造成江苏这家企业成品库存太多的近因有3个，分别为生产计划不准确、销售计划不准确和供应链管理不规范。导致供应链管理不规范的过渡因有3个，分别为物料采购、物流原因、仓库原因，而仓库原因的远因又有4项，其一为安全库存设置不合理，其二为成品退货控制不力，其三为成品库存防护措施不当，造成成品损坏，其四为发货未按照"先进先出"原则，导致很多成品过期。

3. 5W2H分析法

5W2H分析法又叫七问分析法，是第二次世界大战中美国陆军兵器修理部首创。简单、方便，易于理解、使用，富有启发意义，广泛用于企业管理和技术活动，对于决策和执行性的活动措施也非常有帮助，也有助于弥补考虑问题的疏漏。

发明者用5个以W开头的英语单词和2个以H开头的英语单词进行设问，发现解决问题的线索，寻找发明思路，进行设计构思，从而搞出新的发明项目，这就叫作5W2H法，5W2H分别代表：

（1）WHAT：是什么？目的是什么？做什么工作？

（2）WHY：为什么要做？可不可以不做？有没有替代方案？

（3）WHO：谁？由谁来做？

（4）WHEN：何时？什么时间做？什么时机最适宜？

（5）WHERE：何处？在哪里做？

（6）HOW：怎么做？如何提高效率？如何实施？方法是什么？

（7）HOW MUCH：多少？做到什么程度？数量如何？质量水平如何？费用产出如何？

企业可以将5W2H引用到对内部问题分析中来，为了快速、准确运用5W2H分析问题，企业可以按照表5-7进行。

表 5-7　5W2H 的 28 问

5W2H	1 层次	2 层次	3 层次	4 层次	结论
What	什么事情、什么问题	为什么做这个事情	有更合适的事情吗	为什么是更合适的事情	定事
Why	什么原因	为什么是这个原因	有更合适的理由吗	为什么是更合适的理由	定因
Who	是谁	为什么是他	有更合适的人吗	为什么是最适合的人	定人
When	什么时候	为什么在这个时候	有更合适的时间吗	为什么是更合适的时间	定时
Where	什么地点	为什么在这个地点	有更合适的地点吗	为什么是更合适的地点	定位
How	如何去做	为什么采用这种方法	有更合适的方法吗	为什么是更合适的方法	定法
How much	花费多少	为什么要这些花费	有更合理的花费吗	为什么是更合理的花费	定费

通常情况下，只要企业对存在的问题提出以上7个维度4个层次共计28个问题之后，问题的分析就一目了然了。

4.思维导图

思维导图又叫心智导图，是表达发散性思维的有效图形思维工具，它简单却又很有效，是一种革命性的思维工具。思维导图运用图文并重的技巧，把各级主题的关系用相互隶属与相关的层级图表现出来，把主题关键词与图像、颜色等建立记忆链接。思维导图充分运用左、右脑的机能，利用记忆、阅读、思维的规律，协助人们在科学与艺术、逻辑与想象之间平衡发展，从而开启人类大脑的无限潜能。

思维导图由英国人东尼·博赞提出，他因创建了思维导图而以"大脑先生"闻名国际，成了英国头脑基金会的总裁，身兼国际奥运教练与运动员的顾问、也担任英国奥运划船队及国际象棋的顾问；又被遴选为国际心理学家委员会的会员，是"心智文化概念"的创作人，也是"世界记忆冠军协会"的创办人；发起心智奥运组织，致力于帮助有学习障碍者，同时也拥有"全世界最高创造力IQ"的头衔。

思维导图是一种将思维形象化的方法。我们知道放射性思考是人类大脑的自然思考方式，每一种进入大脑的资料，不论是感觉、记忆或是想法——包括文字、数字、符码、香气、食物、线条、颜色、意象、节奏、音符等，都可以成为一个思考中心，并由此中心向外发散出成千上万的关节点，每一个关节点代表与中心主题的一个联结，而每一个联结又可以成为另一个中心主题，再向外发散出成千上万的关节点，呈现出放射性立体结构，而这些关节的联结可以视为每个人的记忆，就如同大脑中的神经元一样互相连接，也就是每个人的个人数据库。

思维导图的应用领域非常广泛，可以用来整理读书笔记、构建框架逻辑、罗列工作重点、整理会议纪要、归集发散性思维，同时现在很多企业也将思维导图运用于内部问题的分析与解决。

【案例5-3】深圳某LED照明企业订单准时交付问题思维导图

延续案例4-1，如图5-4所示，用思维导图分析深圳某LED照明企业订单准时交付问题时, 层次分明, 直观简单。

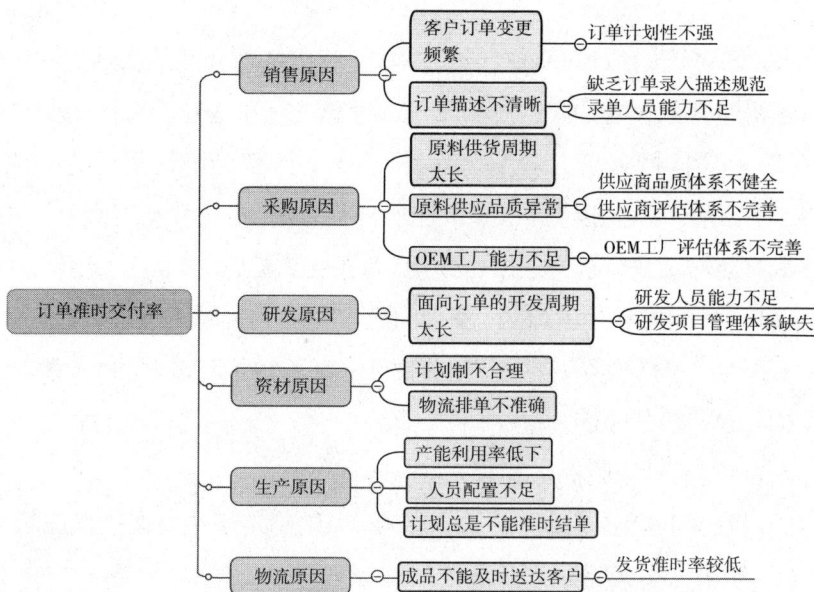

图 5-4　深圳某 LED 照明企业订单准时交付问题思维导图

【案例5-4】江苏某公司成品库存积压过多问题思维导图 (图5-5)

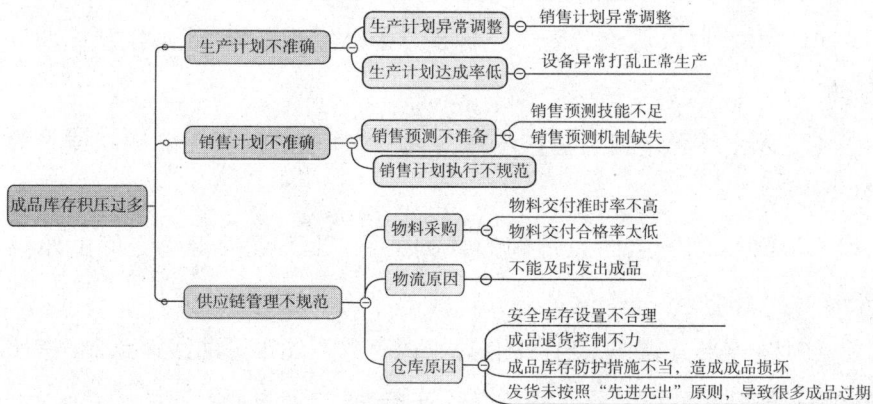

图 5-5　江苏某企业成品库存积压过多问题思维导图

企业在利用思维导图进行问题分析的时候可以按照以下7个步骤进行：

（1）发现问题并对问题现状量化描述。根据前面介绍的各种方法发现并清晰描述企业存在的问题是利用思维导图进行问题分析的第一步。

（2）确定问题分析方法。很多时候思维导图仅为问题呈现的一种方法，针对不同问题企业可以选择最佳的分析方法，根据我们的经验，思维导图最好能与企业分析方法结合使用，效果会更佳。

（3）分析问题产生的原因。罗列问题产生的种种原因，这时候企业可以按照图5-2那样先罗列问题产生的责任部门，也可以按照图5-3那样直接罗列问题产生的原因。

（4）针对各种原因提出解决方案。

（5）提出问题优化目标，并根据80/20原则确定解决方案的优先级。

（6）解决方案策略规划并确定实施计划。

（7）实施计划进度跟踪与评价。

企业用思维导图分析问题的时候可以用专门的思维导图软件，如Mindjet MindManager、MindMaster、XMind等，也可以手工绘制，而且手工绘制的视觉感会更好，一幅优秀的手工绘制思维导图不仅可以体现绘图者本人的美术功底，也可以清晰地看出绘图者本人的逻辑思维。

不管怎样，企业在绘制思维导图的时候需要注意以下几点：

（1）由内到外，思维导图的结构是从中心位置开始，以放射状向四周延伸。

（2）以水平思考或者垂直思考方式，构建出思维导图的树状或者放射状结构。

（3）确保同一层面关键词的并列关系，上下级关键词之间的承接关系。

（4）线条形式模仿大自然的结构，以有弧度的锥形曲线来绘制，按照先粗后细的原则展开，同时线条必须连接在一起，方便阅读。

（5）色彩搭配要自然，原则上一个主分支使用一种颜色，同时线条色彩选择参考思维导图中的色彩搭配技巧。

(6)整体版面布局合理,切忌中心主题图像太大或太小。

(7)关键词尽可能写在线条上面,而且每一层面的线条保持粗细、长度、弧度一致。

如果是手工绘制思维导图,色彩搭配也很关键,对于色彩的搭配和使用读者朋友可以借鉴表5-8。

表5-8 思维导图中色彩搭配技巧

颜色	思维导图信息象征
红色	喜悦、热情、活力、健康、积极、外向、强而有力、压迫、魅力、直觉、情绪、愤怒、危险、攻击、战争、感情、爱情、博爱、刺激、能量、财务困难
橙色	快乐、幸福、朝气、亲切、活泼、乐观、温暖、热忱、高能量、正面思考、爆发、注意力、警告、双向满足、企图心、奢华
黄色	阳光、光线、轻巧、清澈、公平、正确、幽默、幸福、知识、注意、乐观、希望、正面思考、提醒、温暖、开心、刺激、启蒙、视野
绿色	平衡、协调、自然、和平、健康、治疗、新鲜、春天、年轻、希望、快乐、生产力、前进、舒适、成长、繁荣、创新、新想法
蓝色	清凉、冷静、沉着、虚空、智慧、和平、无限、高贵、控制、全局、科技
靛色	聪明、智慧、冷静、理性、创造、贤惠、意志、信念、成熟、宁静、放松、舒缓、信任
紫色	高贵、斯文、尊严、干练、果敢、忠心、权威、领导、权力、奢华、能量、精神层面、直觉、神秘、幻想、性感、改观、不安、悲伤、孤单
粉红色	女性的、年轻、温馨、关怀
棕色	安全、完整、支持、实际、务实
白色	光芒、明朗、正义、洁净、诚实、中立、无私、无邪、客观、数据
灰色	无趣、失望、阴森、孤寂、落寞、保守、探索、证据收集
黑色	死亡、恐怖、邪恶、悲伤、尊重、严肃、神秘、阴沉、负面、单调、独立、完整
金银色	优雅、华丽、尊贵、地位、财富、胜利

5.鱼骨图

鱼骨图，又名因果图，指的是一种发现问题"根本原因"的分析方法。鱼骨图是由日本管理大师石川馨所发明，故又名石川图。鱼骨图的特点是简洁实用，深入直观。它看上去有些像鱼骨（如图5-6所示），问题或缺陷标在"鱼头"外。在鱼骨上长出鱼刺，上面按出现机会多寡列出产生问题的可能原因，有助于说明各个原因之间是如何相互影响的。

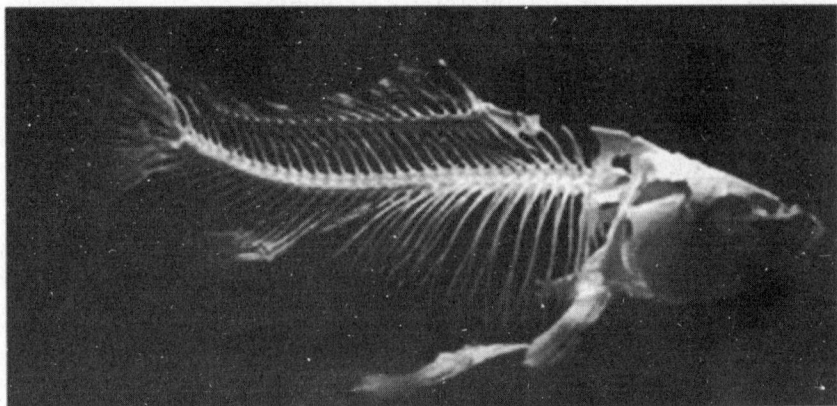

图5-6　鱼骨图（示意）

企业用鱼骨图分析问题的时候，头尾间用粗线连接，就如脊椎骨。在鱼尾填上问题或现状，鱼头代表了目标，脊椎就是达成过程的所有步骤与影响因素。想到一个因素，就用一根鱼刺表达，把能想到的有关项都用不同的鱼刺标出。之后再细化，对每个因素进行分析，用鱼刺分支表示每个主因相关的元素，还可以继续三级、四级分叉找出相关元素。这样经过反复推敲后，一张鱼骨图就有了大体框架（如图5-7）。针对每个分支、分叉填制解决方案。最后，把所需工作、动作以及遗留问题进行归类。这样就很容易发现，哪些是困扰当前关心项的要因，该如何去解决与面对，哪些可以马上解决，需要调动哪些资源，等等。

鱼骨图有些类似树状图，都是分析思考、理清思路、找出问题点的工具。对问题要刨根问底，鱼骨图就是帮助全面系统了解问题、细化问题的利器。

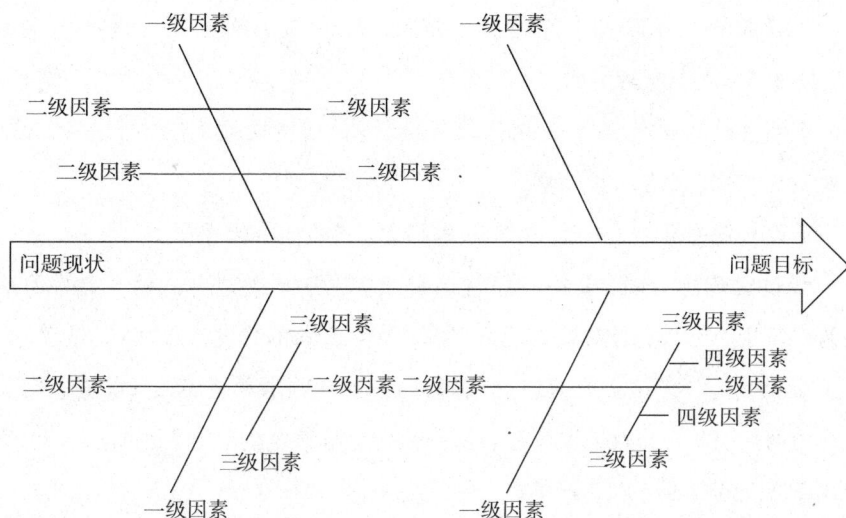

图 5-7　鱼骨图

【案例5-5】江苏某企业客户签单成功率问题分析与描述

我们曾经辅导江苏一家家装企业提升经营业绩,该公司在江苏有6家分公司,不同的分公司经营业绩差异非常大,当我们在分析具体原因的时候发现影响不同分公司经营业绩的有一个非常关键的指标——签单成功率,优秀的分公司此项指标为25%,但业绩差的分公司此项指标实际仅为12%。

大家都知道,如果家里要装修,首先客户就去家装公司门店进行咨询,门店前台会带客户与设计师沟通具体需求及预算,设计师会根据客户需求先绘制草图和编制预算草案,经客户确认后再进行细化设计与精确预算,如果客户对细化设计图纸和精确预算认可,双方就可以签订协议。

图5-8是我们对该公司签单成功率指标进行分析的结果,影响签单成功率的因素有4项,分别为来单量、产品竞争力、销售政策、设计能力,各影响原因分析如下:

1.来单量偏少——市场活动少——活动策划能力弱,无活动投入预算。

2.产品竞争力弱——价格体系混乱、性价比不明显——设计水平不高、材料与工艺优势难体现。

3.销售政策无优势——销售政策执行差、销售政策无优势——销售政策执行无监督、业务人员炒单。

4.设计能力弱——设计师队伍不稳定、产品标准化率低。

经过全面地分析，最终我们将该企业客户签单成功率低的主要原因确定为以下几个方面：活动策划能力弱、设计师队伍不稳定、业务人员炒单。

最终，我们将该企业存在的问题描述为：（1）来单量不足（市场活动策划能力弱）。（2）设计能力不足（设计师队伍不稳定，流失率过高）。（3）销售政策无优势（业务人员炒单）。

很明显，这家企业如果要解决签单成功率低的问题就必须从以上三个子问题进行着手，其一，通过强化市场活动策略吸引更多客户到店咨询；其二，优化设计师培养及激励体系，稳定设计师队伍，同时提升设计师设计水平；其三，通过强化内部审计及销售政策，降低业务人员炒单比率。

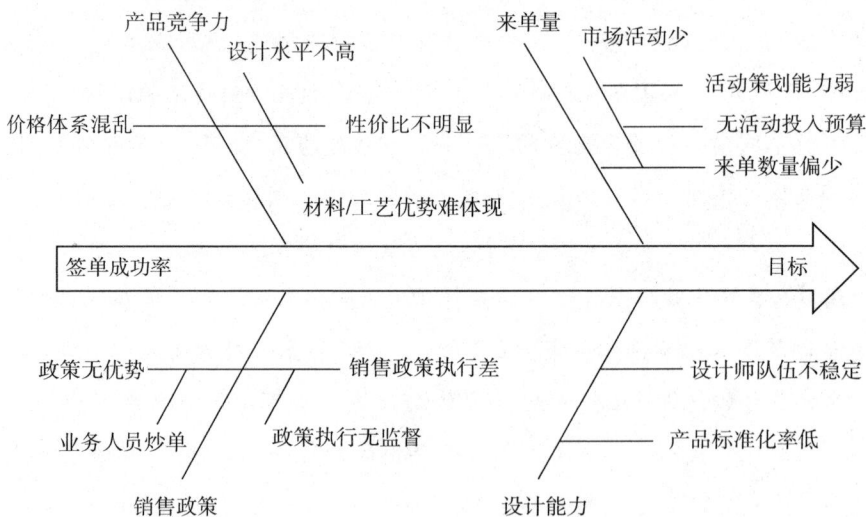

图5-8 某企业签单成功率分析

6. SCQA分析法

SCQA分析法是按照描述情景（Situation）—具体冲突（Complication）—澄

清问题(Question)—给出答案(Answer Analysis)等几个步骤对问题进行分析的一种工具,是麦肯锡咨询顾问芭芭拉·明托在《金字塔原理》中提出的。

SCQA分析法是通过描述当事者的心理及状况,在发生问题的过程中,以设问的方式刻画出问题的真实原因。SCQA分析法由4个步骤构成:

(1)具体描述当事者的价值观、具有特色的行动准则等。

(2)描述目前的状况。

(3)假设一个事件或障碍,颠覆稳定的现状,并针对这个问题,假设一个对主角而言最重要的问题。

(4)提出解决问题的手段和方法。

很明显,SCQA分析法可以有效帮助缺乏前瞻性及战略思想的企业提前预判及发现问题,尽早提出预防措施。

【案例5-6】东莞某企业产品发展SCQA分析

东莞某企业是一家专门从事铝基、陶瓷基PCB新材料研发、生产及销售的企业,公司自成立之日起就坚持"以质量为核心的产品创新文化"以及"无忧、共赢、可持续"的客户服务理念,多年来公司产品持续领先国际、国内市场。下面我们用SCQA分析对该企业的产品发展及客户服务模式进行分析。

1.企业价值观及行动准测。"以质量为核心的产品创新文化"以及"无忧、共赢、可持续"的客户服务理念。

2.目前的状态。公司产品持续领先,国际客户、特别是美国客户满意度很高。

3.假设一个事件或障碍,颠覆稳定的现状。2018年初美国特朗普政府提出了对中国有关产品加征关税,初次加收关税清单包含大约1300个独立关税项目,价值约500亿美元,涉及航空航天、信息和通信技术、机器人和机械等行业,税率高达25%,假设东莞这家企业的产品在此次制裁范围之内的话,对于绝大多数产品都出口美国的该企业来讲一定是灭顶之灾。

4.针对这个问题，假设一个对主角而言最重要的疑问。东莞这家企业能够顺利渡过难关吗？

5.提出解决问题的手段和方法。针对美国的这一行为，东莞这家企业必须从市场定位、客户选择、销售政策、产品策略等多个方面进行重新思考和布局，一方面提高企业在美国市场经营的合法性，另一方面必须大力开拓欧洲、南美及东南亚市场，适度降低美国市场占比。

7. 8D分析法

在前面介绍问题描述的时候，我们曾经介绍过8D分析法，8D分析法是福特汽车公司处理问题的一种方法，适用于制程能力指数低于其应有值时对有关问题的解决，8D分析法提供了一套符合逻辑的解决问题的方法，同时对于统计制程管制与实际的品质提升架起了一座桥梁。

8D分析法由8个核心步骤构成：

(1)成立团队。针对一个问题首先要建立问题分析和解决的团队。成立解决问题的团队，必须先定好组长，组长负责协调领导工作，其他组员的工作也必须定好，分工明确。

(2)问题描述。按照5W1H的方式进行描述，包括发生了什么、发生时间、发生地点、发现人、发生问题、有何影响等五个方面，可以清晰有条理地对问题进行描述。

(3)临时控制对策。一般为保证暂时能正常运行生产，会制定临时的对策，主要是临时防堵。

(4)真实原因分析。按照5MIE(Man、Machine、Material、Method、Measurement、Environment,即人、机器、材料、方法、测量、环境)的思路对原因进行层层剖析，找出真因。

(5)永久措施。根据分析的真正原因，针对性地制定改善对策，以避免问题再次发生。

(6)改善效果确认。这是非常重要的一步，主要是验证永久措施是否有效，一般监控连续一段时间的状况，用来说明有无效果。

(7)预防措施。将永久对策标准化，写入文件之中。

(8) 团队庆祝。承认小组的集体努力，对小组工作进行总结并祝贺。

【案例5-7】某通信企业手机礼盒不良8D分析（表5-9）

表 5-9　8D 纠正及预防措施报告

Supplier（供应商）	××	Date（发生日期）	2018 年 1 月 16 日
Model（产品型号）	礼盒	Part Number（BOM编码）	××
Purchase Order Number（订单号）	××	Shipment Inspection/ Agents Release（出货前/第三方检查）	××
Purchase Order Quantity（订单数量）	4850pcs	Reliability Test（可靠性测试）	××
Quantity Rejected（不合格品数量）	4412pcs	要求回复时间	2018 年 1 月 18 日
		实际回复时间	2018 年 1 月 18 日
D1：Form the Team（建立团队）			
Coach（组长）			
Team Members（团队成员）			
D2：Describe the Problem（问题/缺陷描述）			
D3：Containment Action（s）（应急措施）			
Containment Action（应急措施）	Responsibility（责任人）	Date Planned（计划日期）	Date Achieved（完成日期）
客户端库存全部退回全检返工	××	2018 年 1 月 19 日	2018 年 1 月 19 日
D4：Identify Root Cause of the Problem（识别问题根因）			
Identify Root Cause of the Problem（识别问题根因）	Responsibility（责任人）	Date Planned（计划日期）	Date Achieved（完成日期）
原因如下：组装时未将内盒一边装到地盒底端导致另一边高出　流出原因：（1）组装后未针对此问题进行检查即盖盒导致流出（2）QC 人员验货未抽检到此不良，未及时发现拦截导致流出	××	2018 年 1 月 17 日	2018 年 1 月 19 日

Supplier（供应商）	××	Date（发生日期）	2018 年 1 月 16 日

D5：Formulate Corrective Actions（制订纠正措施）

Formulate Corrective Actions（制订纠正措施）	Responsibility（责任人）	Date Planned（计划日期）	Date Achieved（完成日期）
改善对策：复制一套正确样，组装好成品与样进行比较后无高出问题再包装 防止流出对策： （1）组装处增加一人对内盒组装是否到底进行与样做比较全检 （2）对盖合人员重点强调高出不良的识别，发现后及时处理好再盖合 （3）OQC 抽检增加抽检比例，IPQC 每 30 分钟对重点工序进行对样核查，并连续查看 20pcs. 管理对策：生产前组织相关组长及员工进行问题点讲解并宣导不良点进行防范	××	2018 年 1 月 17 日	2018 年 1 月 19 日

D6：Verify Corrective Actions（验证纠正措施）

Verify Corrective Actions（验证纠正措施）	Responsibility（责任人）	Date Planned（计划日期）	Date Achieved（完成日期）
后续生产此类订单，由 IPQC 对重点岗位进行检查，并记录验证	××	2018 年 1 月 17 日	2018 年 1 月 17 日

D7：Preventive Action（s）（预防措施）

Preventive Action（s）（预防措施）	Responsibility（责任人）	Date Planned（计划日期）	Date Achieved（完成日期）
（1）IPQC 后续针对以上改善措施进行稽查，针对纠正措施进行验证 （2）连续 3 批加严抽检成品，AQL 由 0.65 加严到 0.4，验证纠正措施	××	2018 年 1 月 17 日	2018 年 1 月 19 日

D8：Congratulate the Team（团队庆祝活动）

8.DMAIC分析法

DMAIC是六西格玛管理中流程改善的重要工具。六西格玛管理不仅是理念,同时也是一套业绩突破的方法。它将理念变为行动,将目标变为现实。

DMAIC具体是指定义(Define)、测量(Measure)、分析(Analyze)、改进(Improve)、控制(Control)5个阶段构成的过程改进方法,一般用于对现有流程的改进,包括制造过程、服务过程以及工作过程等。

(1)定义(Define)。界定核心流程和关键顾客,站在顾客的立场,找出对他们来说最重要的事项,也就是"品质关键要素"(Critical to Quality, CTQ)。理清团队章程,以及核心事业流程。

(2)测量(Measure)。找出关键评量,为流程中的瑕疵,建立衡量基本步骤。人员必须接受基础概率与统计学的训练及学习统计分析软件与测量分析课程。为了不造成员工的沉重负担,一般让具备六西格玛实际推行经验的人带着新手一同接受训练,帮助新手克服困难。对于复杂的演算问题,可借助自动计算工具,减少复杂计算所需的时间。

(3)分析(Analyze)。探究误差发生的根本原因。运用统计分析,检测影响结果的潜在变量,找出瑕疵发生的最重要根源。所运用的工具包含各类统计分析工具等。

(4)改善(Improve)。找出提升关键指标和质量特性的最佳解决方案,然后拟定行动计划,确实执行。这个步骤需不断测试,以观察改善方案是否真能发挥效用,减少错误。

(5)控制(Control)。确保所做的改善能够持续下去。不断测量,才能避免错误再度发生。在过去许多流程改善方案里,往往忽略了控制的观念;而在六西格玛改进中,控制是它能长期改善品质与成本的关键。

虽然DMAIC分析法在六西格玛管理中应用很普及,但现在越来越多的企业也用DMAIC分析法来解决经营过程中出现的其他问题。

前面我们对问题分析的8种方法都进行了系统的阐述,但值得一提的是不同的方法其应用领域是不同的,选择合适的方法,更能帮助企业实现对问题的有效分析。

二、企业问题分析的4种方法

不管使用前面提到的哪种分析问题的工具，企业在分析问题的时候为了避免顾此失彼，必须明确分析问题的具体方法，根据我们的经验，我们把企业问题分析问题的方法分为四种：

（1）按照PDCA进行分析。要进行问题产生的原因分析，美国质量管理专家戴明提出了PDCA循环，其本义是将质量管理分为四个阶段，即计划（plan）、执行（do）、检查（check）、行动（Action）。在质量管理活动中，要求把各项工作按照做出计划、计划实施、检查实施效果，然后将成功的纳入标准，不成功的留待下一循环去解决这个流程来进行。这一工作方法是质量管理的基本方法，也是企业管理各项工作的一般规律。

早期的PDCA仅仅局限于质量管理领域，但随着管理技术的更新，PDCA的应用领域已经远远超越了这一领域限制，对于企业经营问题、管理问题的分析也可以参考PDCA。比如说我们可以将PDCA的4个关键词放在鱼骨图的4根鱼刺上，并按照这4个维度展开分析，我们也可以将PDCA的4个维度放在思维导图分析问题的第一个层面。

（2）按照5M1E进行分析。5M1E分析法早期经常与鱼骨图结合起来使用，多用于对质量问题进行分析，其中：

①人（Man/Manpower）的因素是指操作者对质量的认识、技术熟练程度、身体状况等。与人相关并对品质有影响的原因有质量意识差，操作时粗心大意，不遵守操作规程，操作技能低、技术不熟练，以及由于工作简单重复而产生厌烦情绪等。

②机器设备（Machine）是指机器设备、工具的精度和维护保养状况等。与机器设备相关并对品质有影响的原因有设备维护保养不及时导致设备精度下降，设备异常造成产品异常，检验装置配置不全等。

③材料（Material）是指材料的成分、物理性能和化学性能等。与机器设备相关并对品质有影响的原因有供应商供货品质不合格，采购合同对

品质描述不清晰,供应商评价机制不健全,缺乏对供应商品质意识及品质控制能力的培训等。

④方法(Method)是指加工工艺、工装选择、操作规程等。与方法相关并对品质有影响的原因有工艺文件不全,工艺文件缺失,加工方法不对,工艺知识培训不到位,工艺纪律执行不严,监控不到位等。

⑤测量(Measurement)是指测量时采取的方法是否标准、与测量相关并对品质有影响的原因有测量设备精度不够,未定期对测量设备进行校准和调整,测量记录不完整等。

⑥环境(Environment)是指工作地的温度、湿度、照明和清洁条件等。与环境相关并对品质有影响的原因有现场光线太暗,污染严重,噪声干扰,温度与湿度不达标等。

如上描述,企业用5M1E对品质及品质相关问题进行分析是非常有效的。

(3)按照管理的5大职能进行分析。5大管理职能由管理学家法约尔提出,主要是指计划、组织、指挥、协调和控制,在法约尔看来,企业要想做好一项业务或者管理好某件事情,必须通过计划、组织、指挥、协调和控制等几个手段来完成。那么企业在分析问题的时候也可以按照管理的5大职能进行,分别看问题背后计划是否合理、组织系统是否健全、指挥系统是否顺畅、协调是否有效、控制系统是否发挥价值等。

(4)按照问题产生的7大可能(方向、目标、责任、方法、能力、意愿、氛围)进行分析。按照第二章提到的企业问题产生有7大可能,那么企业在分析问题的时候,也可以按照这7个维度进行。每个维度分析的关键点分别为:

①方向。问题对应领域的公司战略是如何确定的?公司年度经营计划中有无明确的策略?

②目标。问题对应目标是否清晰?公司、部门、岗位的目标分别是什么?年度、季度、月度的目标清楚吗?

③责任。问题涉及几个部门、几个岗位?这些部门、岗位在未来问题

解决过程中将扮演什么角色？

④方法。问题解决的方法清楚吗？流程明确吗？具体方法是什么？

⑤能力。解决问题的员工能力能否胜任？还有哪些短板？

⑥意愿。员工解决问题的主观意愿强烈吗？如何调动员工解决问题的积极性？有哪些具体可实施的策略？

⑦氛围。团队是如何看待问题的？团队解决问题的意愿强烈吗？如何调动团队所有员工解决问题的积极性？如何才能在团队树立起积极、健康的问题解决氛围？

三、企业问题分类的8种方法

除了前面提到的问题分析工具和方法之外，为了分清楚问题的轻重缓急，明确责任人，在正式解决问题之前企业还需要对已经发现并经过初步分析的问题进行分类，如图5-9所示。

1 战略性问题&战术性问题	2 发展性问题&维持性问题	3 管理问题&业务问题	4 例行性问题&例外性问题
5 系统性问题&职能性问题	6 决策性问题&执行性问题	7 隐性问题&显性问题	8 效率问题&效益问题

图5-9　企业问题分类

1.战略性问题，还是战术性问题

战略性问题关乎企业发展方向，方向一旦错了，所有的付出都将付之东流；战术性问题决定战略的落地与实现，战术不对，企业也将付出血的代价，事倍功半。战略性问题包括企业战略目标确定、产业战略选择、产品战略选择、客户战略选择、市场战略选择等；战术性问题包括如何进行产品市场调研，如何进行产品定义，如何进行产品开发，如何进行产品生命周期管理等。

2.发展性问题,还是维持性问题

发展性问题影响企业未来的发展,而维持性问题则影响企业当前阶段的盈利水平及稳健运营。发展性问题解决不好会影响企业未来的发展,维持性问题解决不好会影响企业现阶段的经营。

3.管理问题,还是业务问题

管理问题包括对人、财、物、信息、资源的有效配置和管理,业务问题包括通过营销、研发、生产、仓储、物流等具体业务的高效运营达成企业目标。管理问题解决不好势必会造成资源大量浪费,而业务问题解决不好会导致企业业务过程失控。

4.例行性问题,还是例外性问题

例行性问题是每天或者经常发生的问题,这些问题需要企业建立完善的流程和规范来解决,例外性问题是不在例行性问题范围之内的其他特殊问题,这些问题对企业而言可能之前从未遇到过,或者未按照正常规律发生。

5.系统性问题,还是职能性问题

企业的运营靠系统,如市场营销系统、产品研发系统、生产制造系统、财务与投资管理系统等,系统性问题解决不好会造成企业在某个领域内整体瘫痪或者失控,因为系统性问题往往会涉及多个部门。同时企业日常运营又离不开各个职能单元,如市场研究、客户开发、订单管理、新品开发、物料采购、生产制造、仓储物流等,如果某个职能单元不作为或者失职,就可能造成系统的某个环节没法运作,进而导致系统瘫痪。

6.决策性问题,还是执行性问题

决策性问题往往是企业对某件事情判断失误或者决策不准确造成的,执行性问题是决策之后执行过程中由于执行人失职、监督人不作为、缺乏评价机制等造成的。

7.隐性问题,还是显性问题

隐性问题很多时候看不到、摸不着,但对企业又会造成巨大伤害;显性问题容易发现,但往往又会让人视而不见,同样也是企业不可忽视的。

8.效率问题，还是效益问题

企业经营的过程是通过资源有效配置或者流程持续优化，不断提升运营效率，更加有效地满足市场及客户需求，而企业经营的目的是追求效益最大化，即用最小的投入换取最大化产出。效率问题解决不好会导致企业运营低效，效益问题解决不好会影响企业长期稳健经营。

四、企业问题分析诀窍

发现问题需要方法和技巧，分析问题也不例外，针对不同类型的问题选择最佳的分析方法也是很关键的。不同问题分析方法规划见表5-10。

1.发现问题的问题的问题，分析原因的原因的原因

关于分析问题，我们在前面已经多次强调要学会连问"三个问题"或者连问"三个为什么"，即发现问题的问题的问题，分析原因的原因的原因。

2.解决当下最应该解决的问题

问题产生的原因可能有很多，但分析问题最关键的是要帮助企业认识到哪些原因是至关重要的，哪些原因是必须解决的，哪些问题是当下最要去解决的，识别关键原因并在当下解决好是分析问题中至关重要的。

3.有问题不可怕，选对分析问题的方法最关键

任何企业都存在这样或那样的问题，而且只要企业正常经营就不可避免会产生很多问题，其实对于任何一家企业而言有问题并不可怕，选择正确的问题分析方法，让企业全面和清晰地认识问题就一定可以找到解决方案，让企业每天都在解决问题的同时得到提升和进步。

表 5-10　不同问题分析方法规划

问题类型	问题分析工具							
	六顶思考帽	逻辑树	5W2H	思维导图	鱼骨图	SCQA	8D	DMAIC
恢复原状型问题	V	V	V	V	V		V	V
防范潜在型问题	V					V		

续表

问题类型	问题分析工具							
	六项思考帽	逻辑树	5W2H	思维导图	鱼骨图	SCQA	8D	DMAIC
追求理想型问题	V	V	V	V		V	V	
系统紊乱问题	V	V	V	V	V			
功能障碍问题	V	V	V	V				
成长烦恼问题	V			V	V			
营养不良问题	V							
战略性问题	V	V	V	V		V		
战术性问题	V	V	V	V	V		V	V
发展性问题	V	V	V	V		V		
维持性问题	V	V	V	V	V		V	V
管理问题	V	V	V	V	V			
业务问题	V	V	V	V			V	V
例行性问题	V				V		V	V
例外性问题	V	V	V	V				
系统性问题	V	V	V	V	V			
职能性问题	V	V	V	V				
决策性问题	V	V	V	V	V			
执行性问题	V	V	V	V			V	V
隐性问题	V			V		V		
显性问题	V	V	V	V	V		V	V
效率问题	V	V	V	V	V			V
效益问题	V	V	V	V	V			

第三部分

PART Three

解决问题，庖丁解牛

庄子在他的作品《庖丁解牛》中这样说："手之所触，肩之所倚，足之所履，膝之所踦，砉然向然，奏刀騞然，莫不中音。合于《桑林》之舞，乃中《经首》之会。"可见庖丁解牛的技艺有多高超。

针对如此高超的技艺庖丁是这样解释的："臣之所好者，道也，进乎技矣。始臣之解牛之时，所见无非牛者。三年之后，未尝见全牛也。方今之时，臣以神遇而不以目视，官知止而神欲行。"可见，庖丁确实是一位"解牛"的高手，他懂得什么时候刀要轻，什么部位要小心翼翼。

企业内部解决问题何尝不是这个道理！

第六章
问题是谁的

带领团队解决问题是管理者的首要责任

解决问题需要选择合适的领导行为模式

公司请你来的目的就是解决问题

摒弃问题解决的4种典型不良心态

如何确定问题解决的责任人

一、带领团队解决问题是管理者的首要责任

管理是一门艺术，杰克·韦尔奇曾经说过这么一句话：

Before you are a leader, success is all about growing yourself. When you become a leader, success is all about growing others. 即在你成为领导者之前，成功的全部是自我成长；当你成为一名领导之后，成功则全部源自别人的成长。

企业管理职责的履行，首当其冲的就是各级管理者，通常情况下，管理者是通过别人来完成工作。他们通过确定愿景、明确目标、做出决策、分配资源、监督检查等活动指导他人实现组织目标，也就是说，管理者是通过协调其他人的活动达到与他人一起或者通过别人实现组织目标的目的。

管理大师彼得·德鲁克认为，作为企业主要管理人员的经理，有两项别人无法替代的特殊任务。首先，他必须创造一个"生产的统一体"，这个统一体的生产力，要比它的各个部分的生产力总和更大。从这个意义上来讲，经理充当一名作曲家兼乐队指挥的角色，既是一名革新者，又是一名协调者。为了创造一个"生产的统一体"，经理就要克服企业中所有的弱点及存在的问题，并使各种资源，特别是人力资源得到充分的发挥；为了使企业的整体步伐相协调，他必须考虑到企业的普遍问题，又要照顾到所有特殊的问题，因为有时候这些特殊问题可能起到决定性的作用。其次，经理在做出每一项决策和采取每一项行动的时候，要兼顾当前利益与长远利益的平衡。

德鲁克认为，每一位经理都有些共同、必须执行的职能，这些职能包括：

（1）树立目标并决定为了达到这些目标要做些什么，并将这些信息传递给相关人员。

（2）进行组织工作，即将工作进行分类，建立相应的组织机构，选拔人员等。

（3）进行鼓励和联系工作，即利用奖金、报酬、提升职位等手段鼓励员工做好工作，以及通过广泛的信息沟通而使企业活动协调统一。

（4）对企业的成果进行分析，确定标准，并对企业所有人员的工作进行评价与衡量。

（5）使员工得到成长与发展，即通过目标管理方式，使员工个人能力得到提升，职位得到发展。

在德鲁克看来，经理必须带领团队达成组织目标，达成目标中存在的问题都要按部就班地得到妥善解决。

无独有偶，社会系统学派创始人巴纳德在其《经理人员的职能》一书中提到，组织是由协作意愿、共同目标和信息共享三个要素构成的，是三者的有机结合，因此巴纳德认为经理人员的主要职能包括：

（1）建立和维持组织的信息系统。巴纳德认为，管理的信息系统犹如人体的神经系统，要使身体有效地适应环境，就需要神经系统下达指令，对身体的各个部分进行管理。巴纳德的组织信息系统包括设计组织结构、配备人员、处理好非正式组织关系等。

（2）确保团队成员有效协作。巴纳德把这一职能分为诱导员工同组织建立协作关系和调动员工积极参与组织活动两个部分。

（3）确定组织目标。管理者必须清晰定义组织长期、中期、短期目标，以便让每位员工都清楚自己努力的方向。

同样，在巴纳德看来，管理者必须通过以上三项职能的建立和持续完善，带领团队成员解决问题，达成组织目标。

根据长期研究，我们认为各优秀的管理者必须具备以下3项基本特征，养成5个习惯，扮演好10大角色，同时还需要行使"管理三叶草"和"业务二元矩阵"所赋予的相关职责。

1.管理者的基本特征

在组织内部，管理者不同于其他员工，他们通常具有以下几个特点：

（1）管理者是具有职位和相应权力的人。管理者的职权是管理者从事管理活动的资格，管理者的职位越高，其权力就会越大。为了能够让管理者充分发挥其职责，组织必须赋予管理者一定的职权，如果一个管理者处在某一职位上，却没有相应的职权，那么他是无法进行管理工作的。

组织理论之父马克斯·韦伯认为管理者应该有三种权力：

①传统权力。传统惯例或世袭得来，比如帝王的世袭制。

②超凡权力。来源于别人的崇拜与追随，带有感情色彩并且是非理性的，不是依据规章制度而是依据以往所树立的威信，在现实工作中，我们可以把管理者的超凡权力理解为管理者的影响力或者个人魅力。

③法定权力。法定权力即法律规定的权力，通过合法的程序所拥有的权力，比如通过直接选举产生的总统、企业用正式文件任命的经理等。

但实际上，在管理活动中，管理者仅仅具有法定的权力，是难以做好管理工作的，管理者在工作中应重视"个人影响力"，成为具有一定权威的管理者。所谓"权威"，是指管理者在组织中的威信、威望，是一种非强制性的"影响力"。权威不是法定的，不能靠别人授权。权威虽然与职位有一定的关系，但主要取决于管理者个人的品质、思想、知识、能力、水平和影响力；取决于同组织人员思想的共鸣，感情的沟通；取决于相互之间的理解、信赖与支持。这种影响力一旦形成，各种人才和广大员工都会吸引到管理者周围，心悦诚服地接受管理者的引导和指挥，从而产生巨大的力量。

用一句通俗的话来讲，如果一名管理者通过自己的影响力能够影响一大批基层员工，那么这名管理者可能就是一名合格的经理；如果这名管理者能够影响一大批经理级的员工，那么他可能就是一名合格的总监；如果他能影响一批总监级的员工，那么他可能就是一名合格的总经理。不同管理者权限见表6-1。

（2）管理者是负有一定责任的人。任何组织的管理者，都具有特定的职位，这些职位可能是总经理、副总经理，也可能是总监、副总监，还可能是经理、副经理、主管……但不论是哪个级别的管理者，他们都要运用和行使相应的权力，同时也要承担一定的责任。比如，副总经理首先它是一个正式的职位，同时这个职位必须承担所分管业务领域的业绩目标达成、组织建设和下属员工的培养等责任，当然，企业也会同步赋予它相应的权力以保障这些责任的顺利达成。

在很多情况下，权力和责任是一个矛盾的统一体，一定的权力又总是和相应的责任相联系的。当企业赋予管理者一定的职务和地位，从而形成了一定的权力时，相应地，管理者同时也就担负了对组织一定的责任。企业各级管理人员中，责和权必须对等和明确，没有责任的权力必然会导致管理者用权不当；没有权力的责任也是空泛的、难以承担的。有权无责或有责无权的人，都难以在工作中发挥应有的作用，都很难成为真正的合格管理者。

表6-1　不同管理者权限一览表

权力类型		高层管理人员	中层管理人员	基层管理人员
人事权	人事任免权	√	√	√
	奖金分配权	√	√	√
	员工考核权	√	√	√
	申诉权		√	√
	组织调整权	√	√	
财务权	对外投资权	√		
	企业融资权	√		
	预算编制权	√	√	√
	预算调整权	√	√	
	超预算修正权	√		
	成本控制权	√	√	√

续表

权力类型		高层管理人员	中层管理人员	基层管理人员
信息权	财务信息知晓权	√		
	产品信息知晓权	√	√	√
	商业机密知晓权	√		
	合理化建议权	√	√	√
	相关报表信息知晓权	√	√	√
	档案查询权	√	√	√
	经济合同评审权	√	√	
资源调配权	办公类固定资产调配权	√	√	
	设备类固定资产处置权	√	√	
	生产类固定资产处置权	√	√	
	低值易耗品处置权	√	√	√
	不良资产处置权	√		
	不合格产品处理权	√	√	

责任是对管理者的基本要求，管理者被授予权力的同时，应该对组织或团队的命运负有相应的责任，对组织或团队的成员负有相应的义务。权力和责任应该同步消长，权力越大，责任越重。比较而言，责任比权力更本质，权力只是尽到责任的手段，责任才是管理者真正的象征。如果一个管理者仅有职权，而没有相应的责任，那么他是做不好管理工作的。管理者的与众不同，正因为他是一位责任者。如果管理者没有尽到自己的责任，就意味着失职，等于放弃了管理。

亨利·明茨伯格认为，管理者的主要职责是要带领团队成员完成以下6项目标：

①保证组织实现其目标——有效地生产出某些产品或服务。

②设计和维持他分管业务的稳定性，必须规划其组织业务并对这些规划进行监督，以保证工作流程有一个稳定的模型。

③经理必须负责组织的战略系统决策，并使组织以一种可控的方

式适应于变动的环境。

④经理必须保证组织为那些对组织有影响力的人服务，这些人必须对经理施加压力，以便组织为其共同目标服务。

⑤经理必须在组织同环境之间建立起关键的信息联系。

⑥作为正式的权威，经理负责其所在组织的等级制度运行。

（3）管理者是对组织目标直接负责任的人。企业战略和经营目标是从高层管理者、中层管理者、基层管理者到一线员工层层分解的，而目标的实现则是通过一线员工、基层管理者、中层管理者、高层管理者层层支撑的，如果管理者不作为或者失职，就会面临企业战略无法落地，经营目标无法达成的情况。

2.管理者的5种习惯

德鲁克指出，有效的管理者具有不同的类型，缺少有效性的管理者也同样有不同类型。因此，有效的管理者与无效的管理者，在类型方面、性格方面及才智方面，是很难加以区别的。有效性是一种后天的习惯，既然是一种习惯，便可以学会，而且必须靠学习才能获得。他认为一个优秀的管理者必须具备以下5种主要习惯：

（1）善于利用有限的时间。德鲁克认为，时间是最稀有的资源，丝毫没有弹性，无法调节，无法贮存，同样也无法替代。时间一去不复返，因而永远是最短缺的。而任何工作又都要耗费时间，因此，一个有效的管理者最显著的特点就在于珍惜并善于利用有限的时间。这包括三个步骤：记录自己的时间，管理自己的时间，集中自己的时间，减少非生产性工作所占用的时间，这是管理的有效性的基础。

（2）注重贡献和工作绩效。重视贡献是有效性的关键。"贡献"是指对外界、社会和服务对象的贡献。一个单位，无论是工商企业、政府部门，还是医疗卫生单位，只有重视贡献，才会凡事想到顾客、想到服务对象、想到病人，其所作所为都考虑是否为服务对象尽了最大的努力。有效的管理者重视组织成员的贡献，并以取得整体的绩效为己任。

每一个组织都必须有三个主要方面的绩效：直接成果、价值的实现和未来的人才开发。企业的直接成果是销售额和利润；价值的实现指的是社会效益，如企业应为社会提供最好的商品和服务；未来的人才开发可以保证企业后继有人。一个组织如果仅能维持今天的成就，而忽视明天，那它必将丧失其适应能力，不能在变动的明天生存。

（3）善于发挥人之所长。德鲁克认为，有效的管理者应注重用人之长处，而不介意其缺点。对人从来不问"他能跟我合得来吗"，而问"他贡献了些什么"；也不问"他不能做什么"，而问："他能做些什么"，有效的管理者择人、任事和升迁，都以一个人能做些什么为基础。

（4）集中精力于少数主要领域，建立有效的工作秩序。德鲁克认为，有效性的秘诀在于"专心"，有效的管理者做事必"先其所当先"，而且"专一不二"。因为管理者要做的事很多，而时间毕竟有限，而且总有许多时间非本人所能控制。因此，有效的管理者要善于设计有效的工作秩序，为自己设计优先秩序，并集中精力坚持这种秩序。

（5）有效的决策。德鲁克认为，管理者的任务繁多，"决策"是管理者特有的任务。有效的管理者必须做的是有效的决策。决策是一套系统化的程序，有明确的要素和一定的步骤。一项有效的决策必然是在"议论纷纷"的基础上做成的，而不是在"众口一词"的基础上做成的。有效的管理者并不做太多的决策，而做出的决策都是重大的决策。

可见，不管是"善于利用有限的时间""善于发挥人之所长"，还是"有效的决策"，在德鲁克看来，管理者都是需要带领团队解决问题的，另外德鲁克提出的"集中精力于少数主要领域"则要求解决当下最应该解决的问题，而"注重贡献和工作绩效"则提醒管理者在解决问题的时候不要忘了企业想要的是结果。

3.管理者角色定位

亨利·明茨伯格认为优秀的管理者必须同时扮演好10个角色：挂名首脑、领导者、联络者、信息接受者、信息传递者、发言人、企业家、故障排除者、资源分配者、谈判者。

（1）挂名首脑。明茨伯格认为这是管理者所担任的最基本和最简单的角色，管理者由于其正式权威，是一个组织的象征，必须履行许多这一类型的职责，如文件签署、主持某种仪式等。

（2）领导者。管理者作为组织的正式首长，要负责对下属进行激励与引导，包括下属的招聘、培训、评价、激励、职位发展等，同时还要求管理者把组织的目标与下属员工的目标有效结合起来，在达成组织目标的同时实现员工个人目标，这些目标既包括员工的物质回报、精神回报，也包括能力成长、职位发展等。

（3）联络者。联络者的角色涉及的是管理者同他所领导的组织以外的其他个人与组织维持关系的重要渠道，管理者通过正式、非正式的渠道建立和维系与本组织相关的各种关系，这种关系可能是相互协同达成组织目标，也可能是相互协商分配资源，还可能是相互分享信息。

（4）信息接收者。为了实现组织目标，管理者通常会需要获取以下五类信息：内部业务信息、外部事件信息、各类分析报告、各种意见或建议、来自内外部及上级给予的各种压力。

（5）信息传递者。明茨伯格所指的管理者把信息传播给其他组织或个人，信息可分为两类：一种是有关事实的信息，比如说产品合格率、订单交付周期等；另一种是有关价值标准的信息，比如说应该做什么，不应该做什么，提倡做什么，反对做什么。

（6）发言人。管理者的信息传播者角色所面向的是组织内部，而其发言人的角色则面向组织外部，负责把本组织的信息面向组织外的环境进行传播。

（7）企业家。管理者企业家的角色是指管理者在其职权范围之内充当本组织许多变革的发起者和设计者，这里强调的企业家角色要求管理者必须具备企业家的视野和格局，为达成本组织目标持续奋斗。

（8）故障排除者。管理者的企业家角色是把注意力集中于导致组织变革的资源行动上，而故障排除者角色要求管理者处理非自愿情况以及其中含有不能控制因素的变革。

（9）资源分配者。管理者的资源分配者角色有以下三个组成部分：安排自己的时间；安排工作，对重要决定的实施进行事先批准和把控。

（10）谈判者。组织不时地要同其他组织或个人进行重大的、非程序化的谈判，这种谈判通常由管理者带队，这是管理者扮演的一项非常重要的角色。

明茨伯格指出，管理者扮演以上10大角色的核心目的在于达成6项基本的目标：

（1）保证组织实现其目标——有效率地产出某种产品或服务。

（2）设计和维持组织的业务稳定性。

（3）负责组织的战略决策系统，并使组织以一种可控的方式适应于变动的经营环境。

（4）保证组织为那些对组织有影响的人服务。

（5）在组织同环境之间建立起关键的信息联系。

（6）负责组织的等级制度运行。

另外，在企业中，由于不同的管理者所需要承担责任的大小不同，企业内部的管理者就有高层、中层、基层之分，在有些公司他们则把管理者分为经营决策层、管理层和执行层。

由于不同层次的管理者，其扮演的角色会有所不同，其所拥有的权力和需要承担的责任也会存在差异，在这里我们需要对不同层面的管理者进行详细说明。如表6-2所示。

可见，不管是韦伯提出的管理者3大权力，还是明茨伯格提出的管理者5项目标，不管是德鲁克主张的管理者5个习惯，还是明茨伯格主张的管理者必须同时扮演的10大角色，都告诉我们带领团队解决企业存在的问题，进而达成企业经营目标是各位管理者必须履行的职责，也是各级管理者的价值所在。优秀的管理者一定善于带领下属达成组织目标，而绝不是管理者自己能有多大解决问题的能力。

表 6-2　不同层次管理者对比分析

管理者分类	主要工作	关注重点	决策性质	角色扮演
高层管理者	对组织负全责，主要侧重于沟通组织与外部的联系和决定组织的大政方针	注重创造良好的环境和重大决策的正确性	战略决策、非程序性决策	商业领袖、舵手、船长
中层管理者	承上启下，主要职责是正确领会高层的指示精神，创造性地结合本部门的工作实际，有效指挥各基层管理者开展工作	注重的是日常管理事务	管理决策	桥梁和纽带
基层管理者	主要职责是传达上级计划、指示，直接分配每一个成员的生产任务或工作任务，随时协调下属的活动，控制工作进度，解答下属提出的问题，反映下属的要求	关心的是具体任务的完成	业务决策、程序性决策	足球队长

4.管理"三叶草"和业务"二元矩阵"

　　管理者的首要责任是带领团队解决问题，那么管理者究竟在问题解决过程中扮演什么角色、解决什么问题？而下属员工又扮演什么角色、解决什么问题？管理者与下属员工之间在解决问题方面究竟有何不同？

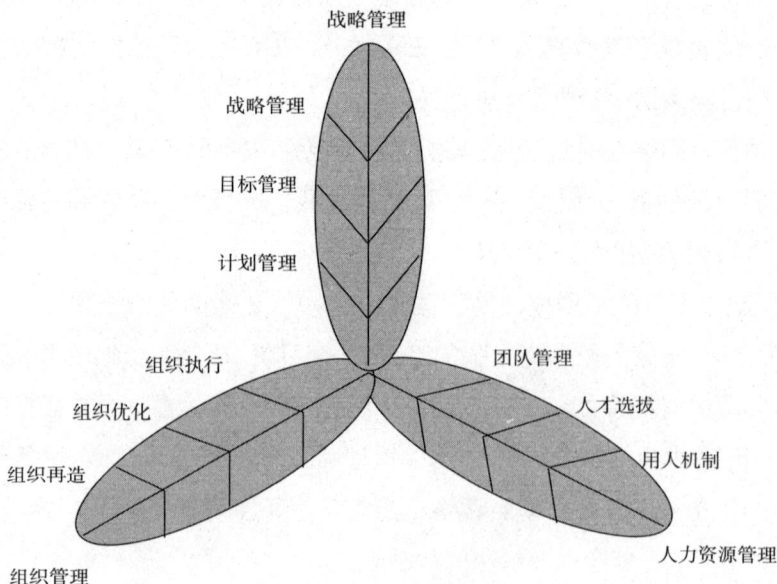

图 6-1　管理"三叶草"

（1）管理"三叶草"。对于管理者而言，管理的3项主要职责结合起来用一句话概括，就是"选择合适的人用正确的方法去做正确的事情"，这就是一名管理者需要解决的核心问题。如图6-1所示，管理者应该从3个方面（战略管理、组织管理、人力资源管理）着手，带领团队解决问题，进而达成组织目标。

同时，战略管理、组织管理和人力资源管理的3个层次恰好对应企业高层管理者、中层管理者及基层管理者，如表6-3。

表6-3　管理"三叶草"与企业管理者的对应

维度	高级管理者	中级管理者	基层管理者
战略管理	战略管理：根据内外部环境，明确组织发展战略，并通过资源合理配置，完成组织战略	目标管理：需要确定团队目标，并能够将目标进行分解，组织团队成员完成	计划管理：按照既定的工作目标，制订工作计划，并带领团队成员按计划完成任务
组织管理	组织再造：需要打破既定的组织运行规则，建立全新的运营流程和制度体系	组织优化：需要不断优化和完善组织既定的运营规则，提升运行效率	组织执行：组织运营程序明确，只需要按既定的流程执行便可完成任务
人力资源管理	人才机制：帮助企业建立公平、合理的人才选、用、育、留机制	人才选拔：能够根据团队成员的特长及喜好建立团队内部的选拔机制	团队管理：带领一个团队完成工作，并能够对每个团队成员进行必要的激励

管理"三叶草"告诉我们，管理者的主要职责包括战略管理、组织管理、人力资源管理3个方面。

另外，对于管理者的职责，德鲁克在《管理：任务、责任、实践》一书中就有详细的描述，德鲁克认为，管理者的主要职责包括：

①设定目标。管理者负责确定目标是什么，管理者决定目标的标准以及达到目标的方法，同时管理者还应向执行者传达他的意思使目标能够实现。

②组织。管理者应分析业务活动、决策及必需的关系，对工作进行分类。管理者应对管理活动进行分类，再进一步细分具体的工作。同时，管

理者也要把组织划分成不同的部门，选拔合适的人选负责各个部门，处理其应做的工作，也就是让合适的人去做合适的工作。

③激励和信息沟通。管理者将负责各种工作的人组织起来，激励他们为达成组织的目标而努力，同时处理好人员配置、待遇、晋升等工作，与上级、下属及同事经常保持沟通。

④业绩考核。管理者应建立考核的标准，这些标准对于考核工作人员的业绩是很重要的。每一个人员都有业绩考核的标准，利用这些标准考核每一个员工的工作业绩，并使大家都了解考核的结果。

⑤管理发展。训练和发展下属是管理者的重要责任，同时管理者也需要不断提升自身的能力和素养。

其实，德鲁克提出的管理职责与管理"三叶草"中所倡导的思想是不谋而合的，德鲁克所讲的设定目标、业绩考核属于战略管理范畴，组织属于组织管理范畴，而激励与信息沟通、管理发展则属于人力资源管理的范畴。

①战略管理。做正确的事情。战略是方向，战略是航标，一旦战略错了，方向偏了，企业所做的一切都将是徒劳的。企业的战略管理从上至下分为3个层次：战略管理、目标管理、计划管理。

任何一家企业的存在，都有它独特的使命和愿景定位，同时都有自己独特的发展目标、战略选择、业务规划、商业模式以及年度经营计划管理等，战略管理的职责是任何一家企业生存和发展必须解决的首要职责。

②组织管理。正确地做事。组织是企业战略落地的基础，组织管理可以分为组织再造、组织优化、组织执行3个层次。

组织管理包括组织设计、团队搭建、组织氛围营造、组织分工规划、责权体系规划、业务及管理流程优化与效率提升、业务及管理流程再造、组织沟通与协调、信息管理等，可以说组织管理的职能在很大程度上决定了企业战略目标的实现。

③人力资源管理。选择并用好合适的人。选择并用好适合企业的人

是企业人力资源管理的核心目的与价值，人力资源管理从上至下也可以分为3个层次：用人机制、人才选拔、团队管理。

企业人力资源管理主要包括选、育、用、留4个核心环节。选人包括选人标准的定义、人员的甄选与录用，选人不仅仅只是将合适的人"选进来"，还包括将不合适的人"选出去"；育人包括培训、岗位轮换、职位晋升、职业生涯规划等，育人的目的在于让员工在企业内部有学习和成长的机会和空间；用人包括绩效管理、沟通等环节，用人的核心目的就是将合适的人在合适的时候放在合适的岗位，使其产生合理的绩效，从而获得合理的回报；企业留人的手段有很多，包括富有竞争力的薪酬福利体系、员工的"金手铐"期权制度、富有挑战的工作、良好的企业文化、清晰的职业发展通道、更好的学习机会、融洽的工作氛围、温馨的工作环境等，将合适的人留下来是企业稳定而健康发展的基石。人力资源管理职责是企业运营的基础，因为离开了人，企业再好的宏伟蓝图也注定只是空中楼阁！

（2）业务"二元矩阵"。与管理"三叶草"不同，员工不管是从事销售业务，还是从事产品研发业务、产品生产制造业务、财务业务、人力资源业务、品质控制业务，总而言之，一般员工都是通过解决业务过程中存在的问题而体现自身价值的。

如图6-2，从事具体业务的员工他们需要解决的问题从两个维度进行延伸，即专业/技术的深度、专业/技术的广度，随着深度和广度的延伸，我们看到员工解决问题的能力也会逐步提升。对于初做者和有经验者而言，这些岗位的工作只是沿着一定工作量的深度有递进的要求，但从骨干开始，包括专家、资深专家，除了有深度的要求，同时还有对专业/技术广度的要求。专业/技术职级问题难度对比见表6-4。

作为一名从事某种具体业务工作的员工，其价值就在于可以帮助企业解决某项具体的业务问题，这与管理者是不同的，管理者是通过组织、计划、协调、指挥、控制等手段带领员工一起工作，解决企业存在的问题。

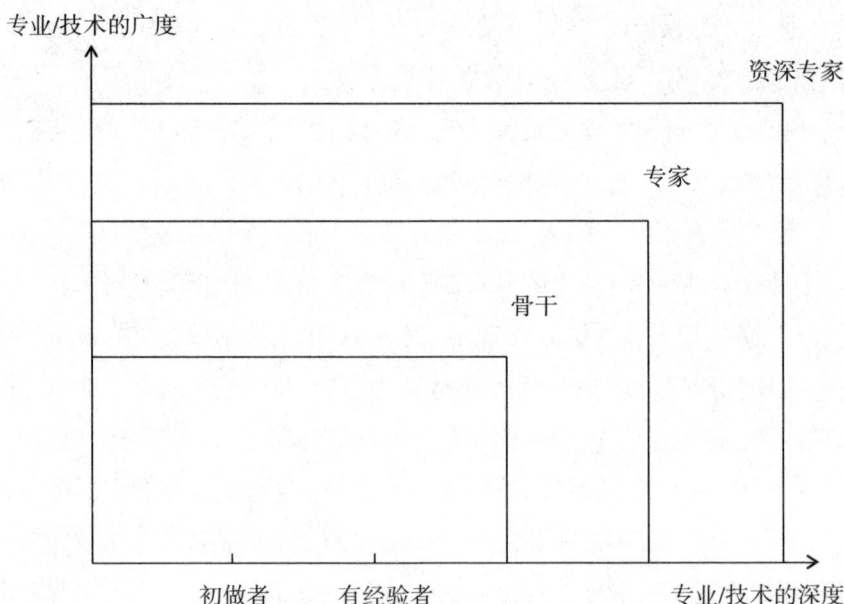

图 6-2　业务"二元矩阵"

表 6-4　专业／技术职级问题难度对比

级别	具体要求	解决问题类型
资深专家	（1）具有博大精深的专业知识和技能 （2）本专业领域内业务流程的建立者或重大流程变革的发起者 （3）可以指导整个体系的有效运行 （4）能够洞悉和把握本专业领域的发展趋势，并提出有前瞻性的变革思路 （5）被视为本专业领域理论、技术、技巧等方面的工人专家	公司范围内某一专业领域的复杂问题
专家	（1）精通本专业领域内的所有知识、技能 （2）对本专业领域内的流程有全面深刻的理解，能够洞察其深层次的问题并给出相应的解决方案 （3）能够以缜密的分析在专业领域给他人施加有效影响，从而推动和实施本专业领域内重大的变革 （4）对于本专业领域内复杂的、重大的问题，能够通过改革现有的程序和方法加以解决 （5）可以指导本专业领域的一个子系统有效运行 （6）能够把握本专业的发展趋势，并保证本专业领域的规划与发展趋势相吻合	既有深度、又有广度的复杂性问题

续表

级别	具体要求	解决问题类型
骨干	（1）能够负责小型项目开发设计，或负责大中项目的模块开发设计 （2）具有全面的业务知识和技能，在主要领域是精通的，并对相关领域的知识也有一定的了解 （3）能够发现本专业领域业务流程中存在的重大问题，并提出合理有效的解决方案 （4）能够预见工作中的问题并能及时解决 （5）对体系有全面的了解，并能准确把握各组成部分之间的相关性 （6）能够对现有的流程、方法进行优化 （7）可以独立、熟练地完成大多数工作任务，并能够有效指导他人工作 （8）被视为是本领域内经验丰富的骨干力量	有深度，同时也有一定广度的问题
有经验者	（1）具有必要的基础知识、技能，这些知识和技能集中于本专业的某一个领域 （2）能够运用现有的程序和方法解决问题，但这种问题不需要进行深入分析 （3）在适当的指导下，能够完成工作，对于例行性工作，有多次独立完成工作的经验 （4）能够理解本专业领域中的发展趋势 （5）工作在他人监督下进行，工作的进度也是他人确定的 （6）能够发现流程中存在的一般问题 （7）被认为是业务实施的基层主体	有一定难度的初级问题
初做者	（1）能够做好被安排的一般性工作 （2）能够根据基本的工作准则和要求完成有限范围内的工作任务 （3）能够运用在培训和学习中学到的专业知识和流程 （4）在本专业领域有较少的工作经验，但这种经验是不够全面的，不能为独立开展工作提供支持 （5）对整个体系还只是局部的理解，对体系之间的相互关系还不能完全把握 （6）只能在指导下从事一些单一的、局部的工作	具体、初级问题

从这点上来讲，每位员工都应该参考图6-2提出的业务"二元矩阵"，要么从工作内容的深度进行延伸，要么从工作内容的广度进行延伸，要么从深度和广度同时延伸，把自己打造成一名解决问题的高手。

大家都知道，华为公司是一家非常优秀的民营企业，华为总裁任正非先生的很多名言警句在中国企业内部流传很广。如"让听得到炮声的人去决策"（授权）、"板凳一坐十年冷"（技术人才培养）、"干部一定要有天降大任于斯人的胸怀、气质"（干部素质要求）、"做工作是一种热爱，是一种献身的驱动，是一种机遇和挑战"（关于工作的本质）、"客户是我们的衣食父母，你们的工资收入和各项福利不是我给的，而是客户给的，客户才是你们真正的老板"（关于价值创造）……可见，华为对管理干部、技术人员都是有明确的要求。员工要想在华为公司成就一番事业，按照自己的职业发展规划必须提升自己解决问题的能力。

二、解决问题需要选择合适的领导行为模式

为了提高解决问题的效率，针对不同的问题、不同的问题解决责任人需要识别和规划不同的领导行为模式，美国著名管理学家罗伯特·坦南鲍姆、沃伦·H.施密特提出的"领导模式连续分布场"为我们非常全面地阐释了这一道理。

罗伯特·坦南鲍姆、沃伦·H.施密特按照管理者运用职权的程度和下属享有自主权的程度把领导模式看作一个连续变化的分布带，以高度集权、严格控制为其左端；以高度放权、间接控制为其右端，将领导行为模式一共分为7种，如图6-3所示。

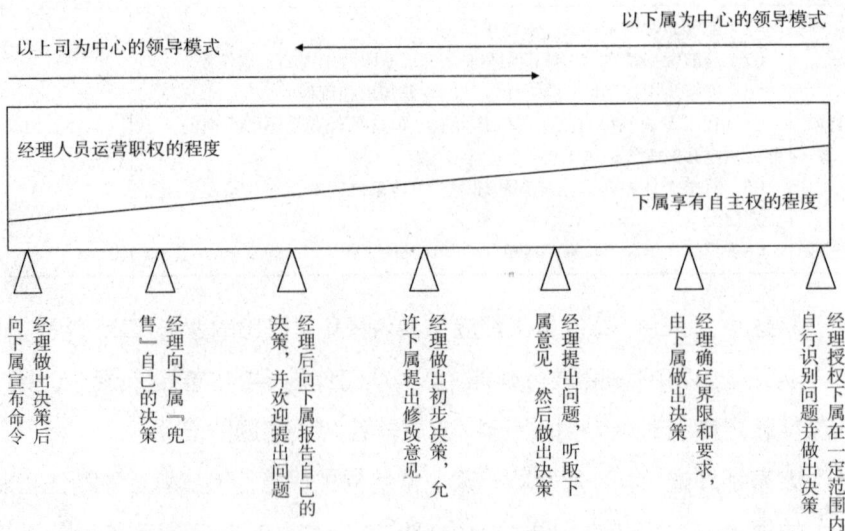

图 6-3 领导行为模式连续分布带

1.经理做出决策后向下属宣布命令

这种领导模式的特点是管理者识别和确认问题或任务,设想出各种可供选择的方案,并选择其中之一,然后向下属宣布自己的决定以便实施。至于下属的想法和意见,管理者可以有所考虑,但也可以完全不予理睬。

2.经理向下属"兜售"自己的决策

同第一种领导模式类似,这种模式仍然由管理者确定工作任务或问题,并做出决策,但管理者不是简单地通过行政命令传达而是运用说服性的做法让员工接受其决定。

3.经理向下属报告自己的决策,并欢迎提出问题

这种领导模式仍由管理者做出决策,但他们希望员工能够充分理解自己的意愿和具体想法,所以邀请员工在决策生效之前提出自己的看法和意见,并由管理者做出解释和说明以便员工接受并加以执行。

4.经理做出初步决策,允许下属提出修改意见

这种领导模式允许下级员工对决策发挥一些影响,但识别和判定问题的主动权仍掌握在管理者手中,在同下属员工见面之前,管理者自己已经经过彻底分析并做出初步决策,并通过征询员工意见的方式来补充和完善管理者的决策。

5.经理提出问题,听取下属意见,然后做出决策

与前4种领导模式不同,这种模式是管理者仅仅提出问题,至于问题的答案及解决问题的办法管理者期望由员工提出意见,当然这种模式最终的决策还是需要管理者做出。

6.经理确定界限和要求,由下属做出决策

领导模式演变到这里,我们发现决策权已经从管理者手中慢慢过渡到下属员工手中了,但待解决的问题或任务的范围和决策必须遵循的原则、先决条件等由管理者掌控。

7.经理授权下属在一定范围内自行识别问题并做出决策

这种领导模式给了员工最大的自由度,这种模式要求员工必须自己发现问题、分析问题并做出决策,当然这种模式员工也一定要承担一定的责任,同时享有一定的权限,这时候的管理者就成为下属员工的资源,为解决问题提供各种需要的支持和帮助。

通过前面7种领导模式的介绍,很明显越到后面员工的自由度越大,在企业内部解决问题的时候一定不要"保姆式"的大包大揽,也不能"秀才型"的光说不练,更不能"泥腿子型"的卷起裤腿毫无规划和分析地去干,选择合适的责任人和领导模式,给员工一定的自由度和权力去发现问题、分析问题和解决问题才能取得意想不到的效果。表6-5是不同领导行为模式对应问题类型。

表6-5 不同领导行为模式对应问题类型

领导行为模式	问题类型						
	战略性问题	战术性问题	发展性问题	维持性问题	管理问题	业务问题	……
经理做出决策后向下属宣布命令	√		√		√		
经理向下属"兜售"自己的决策	√		√		√		
经理向下属报告自己的决策,并欢迎提出问题	√		√		√		
经理做出初步决策,允许下属提出修改意见	√	√	√	√	√	√	
经理提出问题,听取下属意见,然后做出决策		√		√		√	
经理确定界限和要求,由下属做出决策		√		√		√	
经理授权下属在一定范围内自行识别问题并做出决策		√		√		√	

三、公司请你来的目的就是解决问题

我曾经去过深圳一家企业,在该企业文化宣传栏中看到这样一句话:公司请你来的目的是解决问题,如果公司没有问题,你将立刻失业。这句话虽然有点难听,但这就是现实,如果企业请一名员工来不能解决问题,那大家要想想,企业请这位员工来的价值何在?

1.工作的本身就是解决问题

我们随便翻开一份"岗位说明书"或者"部门职能规划",就可以发现每个岗位、每个部门在企业中都会承担若干项工作职能,每项职能的背后都隐藏着部门、岗位需要解决的问题。

【案例6-1】某企业部门、岗位对应问题分析(表6-6、表6-7)

表 6-6 某销售部门职能对应问题(举例)

部门职能		部门需要解决的问题
一级职能	二级职能	
审货管理	负责制定客户备案规则	(1)客户备案规则缺失,造成审货无法跟踪 (2)客户备案规则可操作性不够,造成审货责任无法追究
	负责实施客户备案工作	客户备案工作未有效履行,形同虚设,对发生的审货事情无法处理
市场价格管理	对低于网点价的报价进行审核	(1)低于网点价审核规则不清晰,导致就事论事 (2)低于网点价审核不及时造成客户投诉、订单丢失
渠道客户开发	根据公司产品及市场定位,负责潜在渠道客户信息收集	(1)公司产品及市场定位不明确,无法进行客户信息收集 (2)客户信息整理和分析方法不规范,造成信息对企业决策的价值不大
	负责根据渠道客户需求进行报价	(1)报价规则不明确,造成报价混乱 (2)报价流程不规范,造成报价效率低下
	负责销售合同谈判工作	(1)销售合同细节不明确 (2)特殊合同谈判原则不明确
渠道客户关系管理	负责渠道客户日常跟踪服务	(1)渠道客户日常跟踪服务内容不明确 (2)渠道客户日常跟踪服务未跟进
	负责制订渠道客户分级标准,并按标准实施客户评价	……
	负责渠道客户数据分析及后续策略	……

表 6-7　某公司应收主管岗位职责对应问题（举例）

岗位说明书	岗位名称	应收主管	所在部门	财务管理部
	岗位编号	050104	所在中心	财务投资中心
	职族类别	管理职位族	岗位等级	C
	岗位定编	1	直接上级	财务管理部经理
岗位使命	根据国家财经法规和部门要求，指导监督应收专员业务工作，有效控制应收款管理			

岗位职责

一级职责	二级职责	岗位需要解决的问题
客户管理	按公司应收款信用管理要求，计划有效开展客户管理工作，控制应收款风险	（1）业务人员未按照信用管理制度执行 （2）由于客户失信造成呆坏账 （3）呆坏账处理不及时
	负责审核新增客户及财务软件上客户基础资料完善情况，确保客户资料、手续准确齐全	（1）客户基础资料不全 （2）客户资料系统维护不及时
应收账务处理	安排公司应收款的对账工作，对账单出具工作，配合销售及时进行应收款核对，并改善对账工作中发现的问题、风险进行整改，提高应收账款的安全性	对账工作计划不强导致账款往来不清
	组织监督销售部门货款回收和成品超期账务处理工作	（1）货款回收不及时 （2）超期货款财务未及时提醒业务部门造成呆坏账产生
	负责组织月度业务费、佣金结算的审核、审批工作	（1）业务费审核不及时导致业务无法正常开展 （2）佣金使用审批不严造成佣金支付比例过高
	负责完成公司年度销售结算工作计划，为公司下年度销售工作提供管理数据	……
	负责组织对已确认的应收款坏账进行处理，及时确认反映公司坏账数据，为公司改善应收款提供数据来源	……
	负责组织完成各类应收款凭证制作，确保各类应收款报表准确及时出具	……
	负责月末应收模块结账，为总账结账锁定数据	……

岗位发展通道

可转换岗位	销售计划主管、总账主管、成本主管、资金主管	可晋升岗位	财务管理部经理

续表

岗位任职资格		
基本任职要求	学历	本科
	专业	财务管理
	工作经验	5~8 年
	行业经验	3~5 年
	岗位经验	3~5 年
	资格证书	会计证
	基本知识	公司文化、制度与流程、产品知识
	基本能力	学习能力 3 级、计算机应用能力 3 级、口头表达能力 3 级、执行能力 2 级、沟通能力 2 级、解决问题能力 2 级、人际交往能力 2 级、分析判断能力 2 级、书面表达能力 1 级
	基本素养	敬业精神、责任心、诚信、团队精神、服务意识、流程意识、安全意识、质量意识
专业任职要求	专业知识	流程管理知识、财务管理知识、供应链管理知识、信息系统知识、审计知识、档案管理知识、体系管理知识
	关键能力	领导能力 2 级、决策能力 2 级、目标与计划管理能力 2 级、组织协调能力 2 级、过程监控能力 2 级、团队建设能力 2 级、文化传播能力 2 级、创新能力 2 级
	关键素养	大局意识、创新意识、结果导向

通过上表简单地分析可以看得出来，表面上各部门、各岗位只是履行一定的职能或者承担一定的职责，但背后都是需要通过解决一个个的问题来达成企业对部门、岗位的定位及要求。

2.工作的本质其实是一种责任

从表面上看，工作是为了帮助企业解决问题，但解决问题有很多种方式，解决问题的时候员工也会有很多种看法，究竟是把工作中的问题看作是自己的问题呢，还是当成是公司的问题、部门的问题，不同的看法注定了员工解决问题时的专注度以及解决问题的效果与质量。在现实当中，我们看到很多员工抱着"打工心态""做一天和尚撞一天钟""得过且过""这山望着那山高"的心态，试想一下这些员工能够把问题解决到极致吗？我想这是一件很难的事情。

因此，有必要让员工清晰地认识到工作的本质其实就是一种责任，就是一种自己对组织、对企业、对目标的一种承诺，为了提升员工对工作的责任感，美国学者约翰·米勒在《问题背后的问题》一书中提出了几条经典的个人责任提升原则：

（1）个人责任不是通过改变他人，而是通过改变自己力求解决问题。

（2）个人责任不是抱怨团队，而是要充分认识个人的力量。

（3）个人责任就是要适应变化，不断完善自我。

（4）个人责任就是利用现有的资源和工具实现组织目标。

（5）个人责任就是要做出具有积极作用的选择。

（6）个人责任就是要不断自问"我还能做什么？""我已经做得够好了吗？""哪些地方还能做得更好？"……

总之，培养和引导员工良好的责任感是解决好工作中面临问题的前提，也会让员工真正体会到工作带来的乐趣。

3.你在公司地位的高低取决于你能解决多大的问题

这句话表面上很好理解，但真正做到的人少之又少，为了能够让读者朋友清晰地理解这一道理，我给大家讲一个两副担子的故事。

在大家面前有两副重量不同的担子，其中一副担子为100斤，另外一副担子为150斤，要求是将担子挑到1000米之外的地方，不管是你选哪副担子，如果顺利挑过去的话会得到100元的酬劳，每个人可自由选择。我想绝大多数的人都会选择100斤的担子，因为两副担子付出的劳动是不同的，但获得的酬劳是相同的。

我们把两副担子的故事引申一下，将150斤的担子比作是一件比较复杂的问题，100斤的担子比作是一件比较简单的事情，大家再来选一下。我估计现在就有一小部分人会觉得总是解决简单的问题没什么意义，虽然酬劳相同，但还是想通过解决比较复杂的问题来锻炼自己的能力和体现自己的价值。

接下来我们把两副担子的故事再引申一下，将150斤的担子代表一个比较重要的职位，100斤的担子代表一个不太重要的职位，这时候再来让大家选择一次。我想绝大多数人都会选择150斤的担子，因为比较重要的职位代表着在公司的价值比较高。

大家发现没有，虽然得到的酬劳都是相同的，但随着对担子内容的引申和演变，大家的选择发生了巨大的变化，为什么呢？这就是我一开始所说的，虽然每个人都能从字面上理解"你在公司地位的高低取决于你能解决多大的问题"这句话，但真正能够做到的人少之又少的原因。大家试想一下，一个总是挑100斤担子的人，企业会有信心给他一个150斤的担子吗？企业一定会把150斤的担子给能够挑得起150斤担子的人，这就是我们通常所说的机会永远是留给有准备的人。只有将自己挑担子的本领练强了，才会有机会挑150斤的担子。即便是自己已经具备了挑150斤担子的能力，而企业一时半会儿又不能给员工相应的职位发展机会，对于员工来讲，其实也没有亏，员工要想清楚的是自己用企业的"麻袋"练壮了自己的肩膀。

4.能否获得高薪取决于你能解决问题的能力

在企业中永远都存在这样一个真理，那就是想要获得更高的回报，一定要提升自己解决问题的能力。在整个社会中也是一样的，机会永远是留给那些能够高质量解决客户需求的企业，一家企业能够解决客户越复杂的问题，那么这家企业就越有市场价值，就越能赢得市场，获得客户的信赖。

在企业当中，每位员工都期望能够获得高薪，但获得高薪的前提是解决问题的能力强大，表现较差的员工随时会被企业解雇，只有解决问题的高手才能获得企业的重用，因此也能获得更高的物质回报、精神回报，以及职业发展的机遇。

【案例6-2】

前几天看到一篇文章，题目叫《别羡慕华为人均工资58万元，先看看华为优秀员工的16项标准》，文中提到，华为优秀员工的16项标准：重在参与，敢于向自己挑战；重视向别人学习，取长补短；要善于归纳总结；实事求是地做好职业生涯设计；培养专家，不要"万能将军"；要宽容好心犯错的员工；要热爱工作；员工应从小事开始关心他人；对基层员工注重专长培养；提倡"干一行，爱一行"；由"抬石头"变成"修教堂"；员工要长期坚持自我批判；不要有"打工仔"心态；加强自我培训，超越自我；给敬业的员工更多的机会；茶壶里倒出来的饺子等于没饺子。

可以看得出来，华为对员工的要求基本上全部基于能够让员工提升自己解决问题的能力这一点。

5.有解决问题的能力，个人的专业才能得到充分发挥

在信息大爆炸、信息碎片化、知识更新日新月异的今天，绝对不能因为掌握了某个领域的相关知识和技能就觉得自己的职业生涯稳如泰山。随着企业经营环境越来越严苛、竞争对手越来越强大、管理技术日新月异、产品迭代速度越来越快、客户诉求越来越刁钻等的情况，正如本书第一章提及的现在企业面临的问题越来越复杂，只有不断提升自己解决问题的能力，个人的专业才能才会得到充分发挥，员工在企业的价值才能得到最大化体现。就如前面华为提出的"培养专家，不要'万能将军'"。

6.能解决问题的人永远不会被淘汰

任何企业都面临这样或那样的问题，而且问题随着企业的发展层出不穷，在这个问题无穷尽、大家都渴望解答的时代，唯有能解决问题的人永远不会过剩，也永远都不会被淘汰。

四、摒弃问题解决的4种典型不良心态

员工要想成为一名问题解决的高手，有4种心态是要坚决摒弃的：

1.惹不起，躲得起

面对问题，企业内部很多人常常会选择"惹不起，躲得起"，既然我不

能解决它，那索性选择躲着它好了。关于这一点，我们经常在很多媒体上看到关于钉子户的报道，按道理遇到问题"钉子户"的时候企业应该直面并加以解决，但遗憾的是我们看到很多人在解决企业"钉子户"问题上都选择了躲着走的思路，让问题"钉子户"迟迟得不到妥善处理，最终影响企业的经营。

2.面对问题，视而不见

还有一种面对问题的心态就是视而不见、听而不闻，很多人抱着"这不是我的问题""这是其他部门的事情""这个问题可以放一放""这个问题估计别人没发现"等心态对企业面临的问题放任自流，最终让小问题变成了大问题、不紧急的问题变成了紧急的问题、不严重的问题变成了非常严重的问题。

3.无限放大问题的困难

面对问题，还有很多人会想方设法放大问题的困难，总有"自己没做过""自己不会做""自己做不好"等心态，最终在问题面前选择逃避和妥协。关于这一点，正确的做法应该是：山不过来，我就过去。问题可能不会自动地来找你，但你一定要有勇气去找问题。

4.这不关我的事

还有一些人把自己围在一个小圈里，总认为企业的事与他无关，别的部门的事与他无关，别人的事与他无关，殊不知企业内部是一个相互联系，需要各个部门、各岗位共同协作才能达成目标的有机整体，任何一个环节出了问题，都会影响企业整体运营。

请记住：困难面前不退缩，方法总比问题多。

五、如何确定问题解决的责任人

有一本叫作《别让猴子跳回背上》，这本书是由威廉·安肯企管顾问公司总裁威廉·安肯三世写的。在这本书中，威廉·安肯三世将责任或者问题比作是猴子，他提出谁的猴子谁背着，千万不要将别人的猴子背在自己背上，也要注意不要让自己的猴子跳到别人的背上，这本书对于那些办公室内文件堆积如山、电子信箱邮件爆满、办公自动化系统上待处理事项迟迟不能解决、工作分配无效、下属总喜欢将问题上交与请示等发生在管理者身上的问题给予了有效引导。

　　企业在解决问题之前，必须明确问题解决的直接责任，而且责任人越明确，越能有效将问题消灭掉。

【案例6-3】（表6-8、表6-9）

　　延续案例4-1、案例4-2我们帮助深圳LED照明企业、江苏某公司对这两家企业存在的问题进一步明确责任人。

表6-8　深圳某LED照明企业订单准时交付问题逻辑树

问题	近因	过渡因	远因	责任部门
订单不能准时交付	销售原因	客户订单变更频繁	订单计划性不强	销售部
		订单描述不清晰	缺乏订单录入描述规范	销售商务部
			录单人员能力不足	销售商务部
	采购原因	原料供货周期太长		采购部
		原料供应品质异常	供应商品质体系不健全	SQE
			供应商评估体系不完善	SQE
		OEM工厂能力不足	OEM工厂评估体系不完善	SQE
	研发原因	面向订单的开发周期太长	研发人员能力不足	硬件部、软件部
			研发项目管理体系缺失	研发项目部
	资材原因	计划制订不合理		PMC
		物料排单不准确		采购部
	生产原因	产能利用率低下		设备部
		人员配置不足		制造部
		计划总是不能准时结单		制造部
	物流原因	成品不能及时送达客户	发货准时率较低	物流部

表6-9 江苏某公司成品库存积压过多问题逻辑树

问题	近因	过渡因	远因	责任部门
成品库存太多	生产计划不准确	生产计划异常调整	销售计划异常调整	销售部
		生产计划达成率低	设备异常打乱正常生产	设备部
	销售计划不准确	销售预测不准确	销售预测技能不足	市场部
			销售预测机制缺失	销售管理部
		销售计划执行不规范		销售部
	供应链管理不规范	物料采购	物料交付准时率不高	采购部
			物料交付合格率太低	采购部
		物流原因	不能及时发出成品	物流部
		仓库原因	安全库存设置不合理	仓储部
			成品退货控制不力	销售部
			成品库存防护措施不当，造成成品损坏	仓储部
			发货未按照"先进先出"原则，导致很多成品过期	仓储部

需要注意的是，在确定问题解决责任人的时候，一定是从远因开始，而且每个远因对应的责任人最好只有一个，如果发现有些远因是需要两个或者多个责任人去解决的，最佳的做法就是对问题产生的原因再分解，直到每个远因对应一个责任人为止。

第七章

解决问题需要具备的4种心态和6种能力

一、东、西方解决问题的差异

在解决问题方面，东、西方人存在巨大的差异，通俗地讲东方人喜欢立即去做，但缺乏系统规划；而西方人更喜欢先进行系统分析和科学规划，然后按计划去推进，这样解决问题的时候，前期会消耗很多时间。

如下图，东方人在解决问题的前期效率会很高，但随着问题解决进程不断向前推进，很可能会面临种种预想不到的困难和挫折，这时候解决问题的人就开始犹豫、动摇，甚至会产生放弃的念头，同时随着犹豫不断加剧，问题解决的目标也会渐渐模糊。

西方人则不同，西方人在解决问题之前必先明确问题解决目标，目标定义越清晰，在分析问题和解决问题时越有针对性；同时为了确保一次性将问题消灭掉，西方人在正式行动之前会制订详细的工作计划，并列出每项计划完成的时间节点及里程碑。这样做的弊端是前期效率比较低，但真正进入到问题解决环节的时候，效率会越来越高，而且目标始终是明晰的。

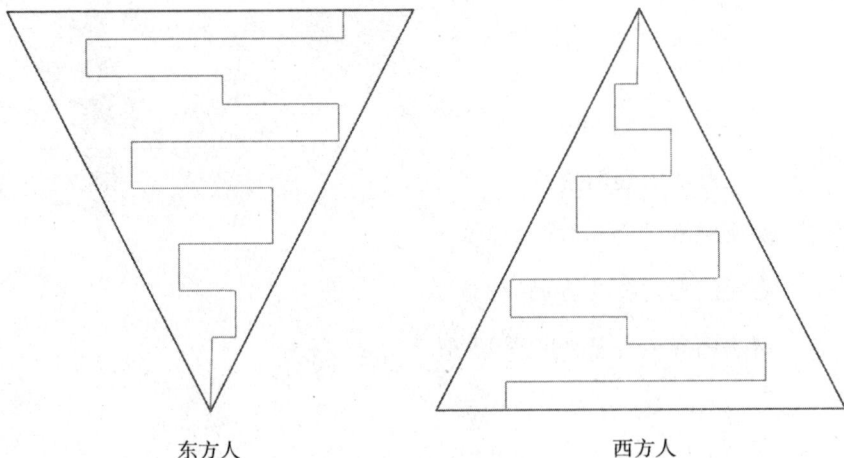

东方人　　　　　　　　　　　西方人

图　东、西方人解决问题的差异

我们建议，企业在解决问题的时候，特别是对于战略性问题、决策性问题或者管理性问题，一定要参考西方人解决问题的思路，因为我们中国有句老话：预则立，不预则废。磨刀不误砍柴工，只要目标清晰、措施得当、组织有力、激励有效，就一定可以圆满地解决好企业当下需要解决的任何一个问题。

当然，企业也不可一概而论，对于一些突发性问题、例外性问题，要首先采用东方人立马去做的思路先将问题解决掉，然后再按照西方人的思维方式分析问题，发现问题的问题的问题，分析原因的原因的原因。

二、常见解决问题的情况

结合东、西方人解决问题的差异，我们把大多数企业解决问题过程中常见但效果不好的情况归总为以下3种：

1.秀才：光说不练

秀才给我们的印象往往是口若悬河、能说会道，但如果让秀才去解决一件现实生活中遇到的具体问题，秀才立马不管用了。在企业解决问题的过程中，我们是需要进行科学规划，但绝对不需要那种仅停留在口头而无法落实到行动的做法。

2.泥腿子：缺乏系统规划

泥腿子解决问题的时候是最积极的，看到问题马上卷起裤腿埋头开干，这种解决问题的方法对于紧急问题或者例外问题是非常有效的，但如果泥腿子解决完问题后还能总结解决问题的方法和经验，并形成书面的规范，那就更完美了。

3.保姆：所有问题都自己扛

大家认识中的保姆就是不管大事小情，还是吃、喝、拉、撒、睡，总而言之只要有问题去找保姆准没错，在我们身边也会有很多管理者是典型的"保姆型"管理者，他们总认为下属干的没有他好，而且也不放心放手让下属去解决问题，而是把所有的问题都自己扛着，结果自己累得半死，而下属则闲得没事做，偷偷地在一边乐着；另外，还有一些"保姆型"的专才，这些专才总喜欢把问题的前前后后、左左右右全部自己做，这样的做法往往往会形成"大马拉小车"、大材小用，但同时低技能的员工能力始终得不到成长。

三、解决问题需要具备的4种心态

员工在解决问题的时候可能是痛苦的，也可能是快乐的。如果是痛苦地去解决问题的话结果一定不会太好，但如果是快乐地去解决问题的话结果一定不错，而且解决问题的人还不觉得疲倦。

为了让大家能够端正心态，把自己打造成一名解决问题的高手，我认为高手在解决问题的时候一定要具备以下3个条件：

（1）快乐地去解决必须解决的问题。

（2）解决每个问题都能达到120分的标准。

（3）长年累月地坚持这种做法。

请注意这3个条件之间的递进关系，首先，高手在解决问题的时候心态是快乐的；其次，解决问题并不是草草地做完了事，而是要超越一般人的水准，并且超越公司及团队的期望值；最后，不是把某一件或某几件岗位必须解决的问题解决达到120分的水准，而是全部问题都达到这个水准；另外还要坚持每天、每周、每月、每季、每年都要达到这种水准。

同时，解决问题的高手还必须具备4种心态：创业的心态、积极的心态、游戏的心态和感恩的心态。

1.创业的心态

大家试想一下，每一位创业者在创业的初期都会经历一段艰苦的时间，企业刚刚开始，资金不充足、产品不成熟、客户不稳定、团队配置不全、内部运营混乱……总之，每天早上眼睛一睁开，满脑子想的都是如何解决好这些问题，让企业能够成长起来。大家想想这时候的创业者他觉得累吗？在外人看来他确实很累，但对他个人而言，他压根就不觉得累，甚至还会觉得很享受，为什么呢？因为这时候他是给自己做事，所以说，创业的心态对于提升自己解决问题能力是第一位的，大家要学会摒弃过去那种"这不关我的事，这是公司的事"的认知，遇到问题的时候应该这样去考虑——"这是我的事，因为我是公司的一部分"，要把企业的事情当成自己的事来做，把企业的问题当成是自己的问题去解决。

2.积极的心态

任何一件事情都会有好有坏，积极的人永远看到的是事物阳光的一面，而消极的人总会看到事物阴暗的一面，就如第一章中提到的，消极的人会把上司给他的问题看作是一种负担，但积极的人会把上司给他的问题看作是上司给了他一个展示自己才华和证明自己价值的机遇；消极的人会把客户给他的问题看作是客户在刁难自己，而积极的人会认为这是一次难得的展示企业能力的机会。可见，如何调整好自己的心态，把阻力变成动力、把绝望变成希望、把坏事情看成是好事情也是问题解决高手应该具备的心态之一，关于积极的心态，员工一定要从过去的"这件事已经做好了"调整为"这件事可以做得更好"。

3.游戏的心态

大家想想在玩自己最喜欢的游戏时的那种状态，我们经常用痴迷来形容一个人玩游戏时那种忘我的状态，当一个人在遇到问题的时候能够像玩游戏一样地投入，我想没有几个问题是解决不了的，因为游戏的心态会让人更松弛、更投入、更平和，最关键的是还能输得起、不怕耗费时间与精力。

4.感恩的心态

面对企业存在的问题，应该这样去思考，感恩客户给企业为其解决问题的机会、感恩竞争对手给企业成长与超越的动力、感恩兄弟部门给自己体现流程价值的机会、感恩上司给自己展示才华的舞台……只要心存一份感恩之心，再大、再难的问题也会迎刃而解。

四、解决问题需要具备的6种能力

心态是基础，能力是关键，一个解决问题的高手除了具备前面提到的4种心态之外，在我们看来还需要具备6种关键能力，分别为执行力、高效沟通能力、团队协作能力、创新能力、时间管理能力、影响力。

1.执行力

执行力是解决问题的基础，请大家记住，本书强调的是执行力，而不是执行，执行只是要求问题解决者去做了某件事情，而执行力不仅仅是指去解决某个问题，而且要求把问题解决好，并且建立问题解决机制。

2.高效沟通能力

高效沟通要求问题解决者一定要敞开心扉，多听、多看、多做，充分暴露问题背后的本质，为下一步彻底解决问题奠定基础。

3.团队协作能力

有句话讲得很好：一个人的本事再大也罩不住整片蓝天。在企业内部解决问题的时候，一定会需要其他部门、其他岗位的高效协同与大力支持，因此学会协作是解决好问题的关键。

4.创新能力

走老路永远都到不了新地方，墨守成规、按部就班、缺乏创新都不可能高效率地解决好企业的问题，随着企业面临的问题越来越复杂，仅靠过去"模仿+改良"的创新模式已经完全不能满足"互联网+"时代的需求，为了能够提升自己解决问题的能力，我们认为"否定+颠覆"才是真正的创新能力。

5.时间管理能力

每个人的时间都是完全一样的，每天都只有24小时，解决问题的高手会按照时间管理矩阵，把自己的时间用在最能体现价值的问题点上。

6.影响力

在一个组织当中，如果你能影响几个人，你可能会是一个主管；如果你能影响十几个人，你可能会是一个经理；如果你能影响几十个人，你可能就是一个总监，影响力就要求员工通过自己的言传身教，让身边的人都按照问题解决需求达成共识。另外，请大家记住，一个人的影响力一定来源于目标导向、客户导向及结果导向。

五、解决问题需要坚持80/20原则

80/20原则又称二八定律、帕累托法则、巴莱多定律、最省力法则、不平衡原则等，是19世纪末20世纪初意大利经济学家巴莱多发现的。他认为，在任何一组东西中，最重要的只占其中一小部分，约20%，其余80%尽管是多数，却是次要的，因此又称二八定律。比如：

企业80%的利润来源于20%的核心客户；

20%的重点产品贡献了80%的利润；

20%的人拥有80%的社会财富；

20%的强势品牌占有80%的市场份额；

20%的人在问题中找答案，80%的人在答案中找问题；

20%的人努力面对困难，80%的人选择逃避现实；

20%的人尊重客观规律，80%的人自以为是的做事；

20%的人规划未来，80%的人得过且过；

20%的人放眼长远，80%的人只顾眼前；

……

总之，80/20原则告诉企业在解决问题的时候一定要抓住对问题有重大影响的20%的核心因素，而不是把主要精力放在80%的细枝末节上。

第八章

问题不能量化就难以解决

如何对问题进行量化描述

如何确定问题改善目标

哪个问题先解决

如何编制问题解决计划

一、如何对问题进行量化描述

在理解问题量化之前我们先看看这样一个故事：有个黑人去沙漠里探险，很不幸的是他迷路了，就在即将渴死之际，他很幸运地遇到了阿拉丁神灯，当他跑过去把神灯擦三下后，神灯就问这个黑人有什么愿望，黑人满怀欣喜地说出了自己的三个愿望：天天有水喝、皮肤变白不再黝黑、随时可以看到女人的臀部。听了黑人的愿望之后，神灯轻轻地说了声：好。然后就实现了黑人的愿望——把他变成了女洗手间的马桶。

为什么是女洗手间的马桶呢？大家想想，女洗手间的马桶完全满足黑人提出的三个愿望！当然，这只是一个故事而已，但它给我们提了个醒，如果在问题解决之前不能对问题进行量化，在解决问题的时候就很有可能出现前面提到的黑人的遭遇。

解决问题之前企业还必须对问题进行量化描述，比如说前面案例5-1中提到的深圳某LED照明企业订单准时交付问题、案例5-2中提到的江苏某公司成品库存积压过多问题，如果不对问题进行量化描述，我们就很难知道问题的严重程度以及下一步改善的方向。那么如何才能对问题进行量化呢？

如图8-1所示，通常我们对一个问题进行量化的时候，可以从质量、数量、时间和成本四个纬度进行描述。

Q（Quantity数量）：即在规定条件下完成工作的数量，数量纬度的指标，一般采用个数、时数、次数、人数、项数、额度等表示。

Q（Quality质量）：即在规定条件下完成工作的质量，质量纬度的指标，通常采用比率、评估结果、及时性、满意度、准确性、达成率、完成情况、合格率、周转次数等表示。

T（Time时间）：即在规定条件下完成工作的时间，时间纬度的指标，通常采用完成时间、批准时间、开始时间、结束时间、最早开始时间、最迟开始时间、最早结束时间、最迟结束时间等表示。

C (Cost成本)：即在规定条件下完成工作所耗费的成本，成本纬度指标，通常采用费用额、预算控制等表示。

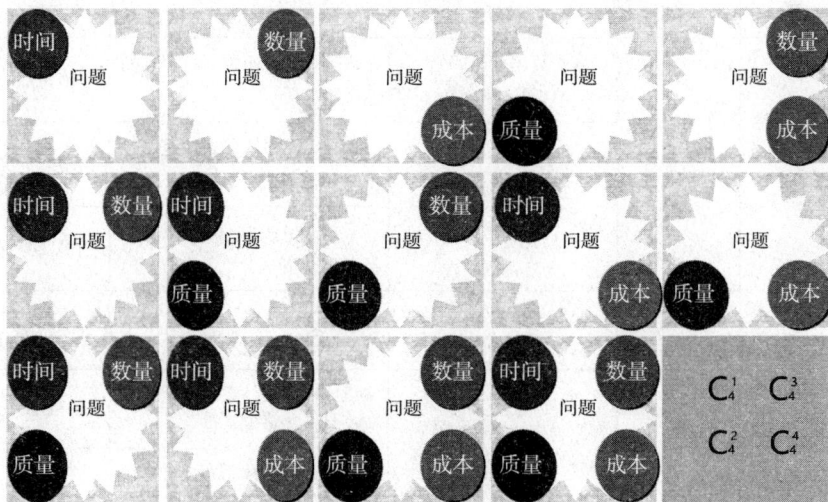

图 8-1　用 QQTC 模型对问题进行量化

其实，我们在量化一个问题的时候，通常都是根据以上几个纬度进行综合量化的，只不过有时候是单独从某一个纬度进行量化，而有时候是从两个或三个，甚至四个纬度进行量化的。

根据QQTC模型我们就可以将深圳某LED照明企业订单准时交付问题用"9天客户订单达交率"来衡量，同样也可以将江苏某公司成品库存积压过多问题用"呆滞成品金额""成品库存周转率""成品库存金额""成品周转天数"等指标进行衡量，总而言之如果不能对问题进行准确量化，就很难对其进行有效解决。

值得一提的是，企业在解决问题的时候除了对需要解决的问题进行量化之外，对每一项子问题或者原因也需要进行量化。

【案例8-1】

我们还是延续案例4-1，看看对深圳某LED照明企业订单准时交付问题进行量化描述及问题改善路径。

表 8-1　深圳某 LED 照明企业订单准时交付问题量化

问题	近因	过渡因	远因	责任部门
订单准时交付（9天客户订单达交率）	销售原因	客户订单变更频繁（客户订单变更次数）	订单计划性不强（订单计划达成率）	销售部
		订单描述不清晰（订单录入差错次数）	缺乏订单录入描述规范（订单录入规范出台时间）	销售商务部
			录单人员能力不足（录单人员考核合格率）	销售商务部
	采购原因	原料供货周期太长（原料供货周期）		采购部
		原料供应品质异常（原料检验一次合格率）	供应商品质体系不健全（供应商品质体系完备性）	SQE
			供应商评估体系不完善（供应商评估体系完备性）	SQE
		OEM 工厂能力不足（OEM 工厂产能）	OEM 工厂评估体系不完善（OEM 工厂评估体系完备性）	SQE
	研发原因	面向订单的开发周期太长（新品开发周期）	研发人员能力不足（研发人员适岗率）	硬件部、软件部
			研发项目管理体系缺失（研发项目管理体系评价结果）	研发项目部
	资材原因	计划制订不合理（生产计划变更次数）		PMC
		物料排单不准确（物料采购计划变更次数）		采购部
	生产原因	产能利用率低下（产能有效利用率）		设备部
		人员配置不足（产线员工空缺率）		制造部
		计划总是不能准时结单（生产计划达成率）		制造部
	物流原因	成品不能及时送达客户（成品物流延误次数）	发货准时率较低（发货差错次数）	物流部

通过表8-1可以看出来,该企业想要彻底解决订单准时交付的问题,必须从后面括号内提炼的若干项量化指标去着手。我们把上表简化一下,如表8-2所示,就更容易找到解决该企业订单准时交付问题的脉络了。

表8-2 深圳某LED照明企业订单准时交付问题改善路径

问题	近因	过渡因	远因	责任部门
9天客户订单达交率	销售原因	客户订单变更次数	订单计划达成率	销售部
		订单录入差错次数	订单录入规范出台时间	销售商务部
			录单人员考核合格率	销售商务部
	采购原因	原料供货周期		采购部
		原料检验一次合格率	供应商品质体系完备性	SQE
			供应商评估体系完备性	SQE
		OEM工厂产能	OEM工厂评估体系完备性	SQE
	研发原因	新品开发周期	研发人员适岗率	硬件部、软件部
			研发项目管理体系评价结果	研发项目部
	资材原因	生产计划变更次数		PMC
		物料采购计划变更次数		采购部
	生产原因	产能有效利用率		设备部
		产线员工空缺率		制造部
		生产计划达成率		制造部
	物流原因	成品物流延误次数	发货差错次数	物流部

【案例8-2】

我们还是拿案例4-2,看看对江苏某企业成品库存积压过多问题进行量化描述及问题改善路径。如表8-3所示。

表8-3　江苏某企业成品库存积压过多问题量化

问题	近因	过渡因	远因	责任部门
成品库存太多（成品库存周转天数）	生产计划不准确	生产计划异常调整（生产计划异常调整次数）	销售计划异常调整（销售计划异常调整次数）	销售部
		生产计划达成率低（生产计划达成率）	设备异常打乱正常生产（设备故障率、设备稼动率）	设备部
	销售计划不准确	销售预测不准确（销售预测准确率）	销售预测技能不足（销售预测人员适岗率）	市场部
			销售预测机制缺失（销售预测机制发布时间）	销售管理部
		销售计划执行不规范（销售计划有效执行率）		销售部
	供应链管理不规范	物料采购	物料交付准时率不高（物料采购计划达成率）	采购部
			物料交付合格率太低（物料品质检验一次性合格率）	采购部
		物流原因	不能及时发出成品（成品发货延误次数）	物流部
		仓库原因	安全库存设置不合理（安全库存标准）	仓储部
			成品退货控制不力（成品退货率）	销售部
			成品库存防护措施不当，造成成品损坏（成品仓储损坏金额）	仓储部
			发货未按照"先进先出"原则，导致很多成品过期（库存成品过期金额）	仓储部

　　同理，我们也对江苏某公司成品库存积压过多问题进行简化。如表8-4所示。

表 8-4　江苏某公司成品库存积压过多问题改善路径

问题	近因	过渡因	远因	责任部门
成品库存周转天数	生产计划不准确	生产计划异常调整次数	销售计划异常调整次数	销售部
		生产计划达成率	设备故障率 设备稼动率	设备部
	销售计划不准确	销售预测准确率	销售预测人员适岗率	市场部
			销售预测机制发布时间	销售管理部
		销售计划有效执行率		销售部
	供应链管理不规范	物料采购	物料采购计划达成率	采购部
			物料品质检验一次性合格率	采购部
		物流原因	成品发货延误次数	物流部
		仓库原因	安全库存标准	仓储部
			成品退货率	销售部
			成品仓储损坏金额	仓储部
			库存成品过期金额	仓储部

二、如何确定问题改善目标

对各个主问题及子问题或者子原因都进行量化是解决问题的第一步，正式解决问题之前还需要明确每个问题的改善目标，改善目标是从主问题开始，先了解现状，然后再根据实际提出改善目标，主问题提升目标清晰之后再确定各个子问题或者不同层面的原因的改善目标。

【案例8-3】

我们还是拿案例4-1、案例4-2对深圳某LED照明企业、江苏某企业这两家企业存在的问题改善目标规划。如表8-5和表8-6所示。

表 8-5　深圳某 LED 照明企业订单准时交付问题改善目标规划

问题	近因	过渡因	远因	责任部门
9 天客户订单达交率（从 20% 至 80%）	销售原因	客户订单变更次数（从 10 次 / 周至 5 次 / 周）	订单计划达成率（从 20% 至 80%）	销售部
		订单录入差错次数（从 20 次 / 周至 8 次 / 周）	订单录入规范出台时间（3 月 20 日前）	销售商务部
			录单人员考核合格率（从 45% 至 95%）	销售商务部
	采购原因	原料供货周期（从 7 天到 4.5 天）		采购部
		原料检验一次合格率（从 78% 至 92%）	供应商品质体系完备性（从 65 分至 85 分）	SQE
			供应商评估体系完备性（从 65 分至 85 分）	SQE
		OEM 工厂产能（从 3000 万件 / 月至 3800 万件 / 月）	OEM 工厂评估体系完备性（从 65 分至 85 分）	SQE
	研发原因	新品开发周期（从 3.5 天至 1.5 天）	研发人员适岗率（从 62% 至 85%）	硬件部、软件部
			研发项目管理体系评价结果（从 63 分至 87 分）	研发项目部
	资材原因	生产计划变更次数（从 5 次 / 周至 3.5 次 / 周）		PMC
		物料采购计划变更次数（从 6 次 / 周至 3 次 / 周）		采购部
	生产原因	产能有效利用率（从 63% 至 81%）		设备部
		产线员工空缺率（从 3.5% 至 1.5%）		制造部
		生产计划达成率（从 58% 至 75%）		制造部
	物流原因	成品物流延误次数（从 16 次 / 周至 5 次 / 周）	发货差错次数（从 12 次 / 周至 7.5 次 / 周）	物流部

表 8-6　江苏某企业成品库存积压过多问题改善目标规划

问题	近因	过渡因	远因	责任部门
成品库存周转天数（从 85 天至 50 天）	生产计划不准确	生产计划异常调整次数（从 9 次/周至 3 次/周）	销售计划异常调整次数（从 12 次/周至 6 次/周）	销售部
		生产计划达成率（从 76% 至 88%）	设备故障率（从 4.6% 至 .6%）设备稼动率（从 88% 至 95%）	设备部
	销售计划不准确	销售预测准确率（从 45% 至 67%）	销售预测人员适岗率（从 35% 至 70%）	市场部
			销售预测机制发布时间（5 月 1 日前）	销售管理部
		销售计划有效执行率（从 78% 至 89%）		销售部
	供应链管理不规范	物料采购	物料采购计划达成率（从 5% 至 78%）	采购部
			物料品质检验一次性合格率（从 89% 至 94%）	采购部
		物流原因	成品发货延误次数（从 5/周至 3.2 次/周）	物流部
		仓库原因	安全库存标准（从 3200 万元至 2100 万元）	仓储部
			成品退货率（从 2.1% 至 0.75%）	销售部
			成品仓储损坏金额（从 160 万元/月至 80 万元/月）	仓储部
			库存成品过期金额（从 12 万元/月至 8 万元/月）	仓储部

三、哪个问题先解决

　　每个问题的背后都可能有多个原因，每个原因又都可能存在一个或多个衡量目标，那么究竟哪个原因先解决，哪个原因后解决，按照80/20

原则发现并彻底解决影响对问题改善目标有80％影响的20％关键问题。

关于问题的优先级，麦肯锡的具体做法是把问题按照重要度、紧急度进行区分，首先，解决的问题一定是紧急度高、重要度高的问题；其次，是紧急度高、重要度低的问题；再次，对于紧急度低、重要度高的问题想办法提前解决；最后，对于那些紧急度低、重要度低的问题一定要授权去解决，而且最好能提前解决。

根据我们之前对问题的分类标准，我们把问题分为系统紊乱型问题、功能障碍型问题、营养不良型问题、成长烦恼型问题，按照这种问题分类标准，最先解决的应该是系统紊乱型问题，其次为功能障碍型问题和营养不良型问题，最后才是成长烦恼型问题。图8-2是解决问题优先顺序识别。

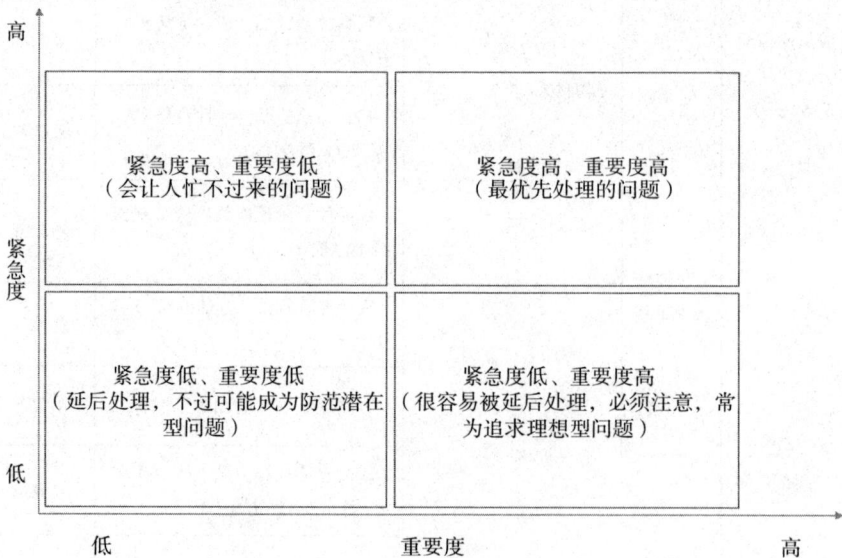

图 8-2　解决问题优先顺序识别

还有一个需要思考的问题点是企业在考虑解决问题优先顺序的时候，一定坚持80/20原则，同时还要考虑到资源充足性和解决问题措施的可实施性。

【案例8-4】

我们继续拿案例4-1、案例4-2深圳某LED照明企业、江苏某企业这两家企业存在的问题为例,识别一下优先解决的问题。

如从表8-7可以看得出来该企业想要提升"9天客户订单达交率"就可以从"订单计划达成率""原料供贷周期""原料检验一次合格率""新品开发周期""产能有效利用率""生产计划达成率"等几个关键指标改善入手。

表 8-7　深圳某 LED 照明企业订单准时交付问题改善优先级规划

问题	近因	过渡因	远因	责任部门
9天客户订单达交率(从20%至80%)	销售原因	客户订单变更次数(从10次/周至5次/周)	订单计划达成率(从20%至80%)	销售部
	采购原因	原料供贷周期(从7天到4.5天)		采购部
		原料检验一次合格率(从78%至92%)	供应商品质体系完备性(从65分至85分)	SQE
	研发原因	新品开发周期(从3.5天至1.5天)		研发项目部
	生产原因	产能有效利用率(从63%至81%)		设备部
		生产计划达成率(从58%至75%)		制造部

同理,如从表8-8可以看得出来该企业想压缩"成品库存周转天数"就可以从"生产计划异常调整次数""生产计划达成率""设备故障率""设备稼动率""销售预测准确率""物料采购计划达成率""成品退货率""成品仓储损坏金额"等几个关键指标改善入手。

表8-8　江苏某企业成品库存积压过多问题改善优先级规划

问题	近因	过渡因	远因	责任部门
成品库存周转天数（从85天至50天）	生产计划不准确	生产计划异常调整次数（从9次/周至3次/周）	销售计划异常调整次数（从12次/周至6次/周）	销售部
		生产计划达成率（从76%至88%）	设备故障率（从4.6%至2.6%）设备稼动率（从88%至95%）	设备部
	销售计划不准确	销售预测准确率（从45%至67%）	销售预测人员适岗率（从35%至70%）	市场部
			销售预测机制发布时间（5月1日前）	销售管理部
	供应链管理不规范	物料采购	物料采购计划达成率（从65%至78%）	采购部
		仓库原因	成品退货率（仓2.1%至0.75%）	销售部
			成品仓储损坏金额（从160万/月至80万元/月）	仓储部

四、如何编制问题解决计划

凡事预则立，不预则废。解决问题的方向和关键点确定后，制定清晰的解决问题计划是保证问题彻底解决的关键。

1.解决问题计划编制原则

在编制解决问题计划的时候，一定要学会并运用SMART原则（图8-3）：

（1）S（Specific）：具体。就是要用具体的语言清楚地说明要达成的行为标准。明确的目标几乎是所有成功团队的一致特点。很多团队不成功的重要原因之一就是因为目标定得模棱两可，或没有将目标有效地传达给相关成员。

（2）M（Measurable）：可衡量。就是指目标应该是明确的，而不是模糊的。应该有一组明确的数据，作为衡量是否达成目标的依据。

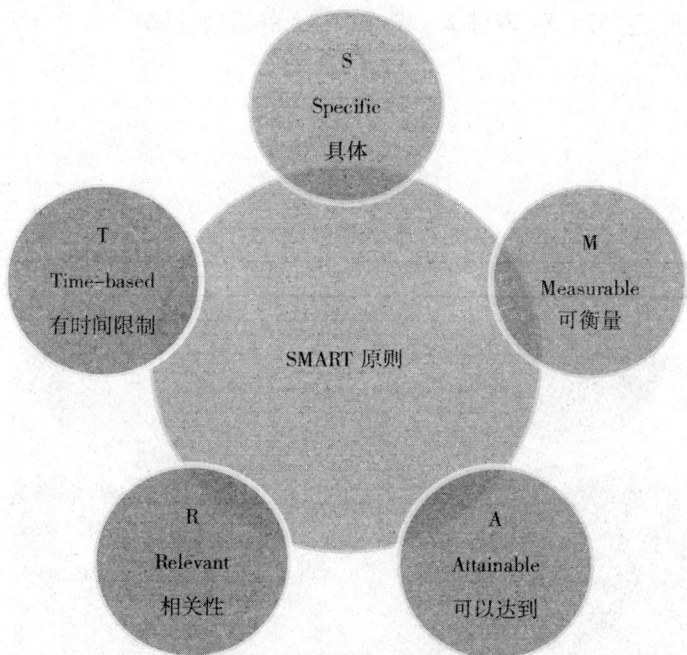

图 8-3　问题计划编制原则

（3）A（Attainable）：可以达到。计划是要让执行人可以实现、达到的，如果上司利用一些行政手段，利用权力的影响力一厢情愿地把自己所制订的计划强压给下属，下属典型的反映是一种心理和行为上的抗拒：我可以接受，但能否完成这个计划，这个可不好说。一旦有一天这个计划真完成不了的时候，下属有一百个理由可以推卸责任：你看我早就说了，这个计划肯定完成不了，但你坚持要压给我。

（4）R（Relevant）：相关性。是指实现此计划与其他计划的关联情况。如果实现了这个计划，但对其他的计划完全不相关，或者相关度很低，那这个计划即使完成了，意义也不是很大。

（5）（Time-based）：有时间限制。是指计划的实现有明确的时间限制。

2.解决问题计划构成7要素（图8-4）

一份完整的问题解决计划必须由7个要素构成，分别为目标、策略、行动计划、完成时间、责任人、完成标志、资源预计等。

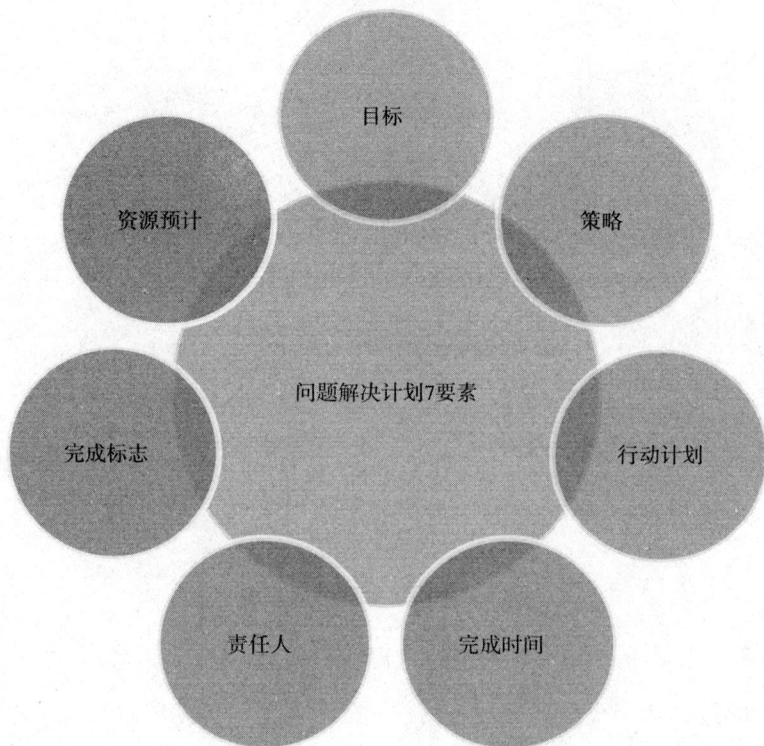

图 8-4　解决问题计划 7 要素

（1）目标。根据前面确定的问题改善目标，针对需要解决的每个问题都必须有明确的目标，这些目标可能是量化的，也有可能是非量化的，但不论怎样，明确目标才能切中要害。关于目标确定的问题，读者可以查阅案例8-4。

（2）策略。策略是保证目标实现的方向，每项目标可能有一项或多项实施策略，如图8-5是我们为案例5-5江苏某企业客户签单成功率过低问题解决策略规划，可以看得出来，该企业想要解决客户签单成功率的关键策略有四个维度，每个维度对应的实施策略分别为：来单量（提升来单量、由坐商调整为行商、杜绝公转私)、产品竞争力(提升产品性价比、提升品牌竞争力、强化新材料、新技术应用)、设计能力(提升设计师能力、强化对设计师的关怀、为设计师有针对性地提供培训、提升设计标准化水平)、销售政策(系统规划促销机制、强化业务人员激励、强化销售政策实施监督、强化销售过程管控)。

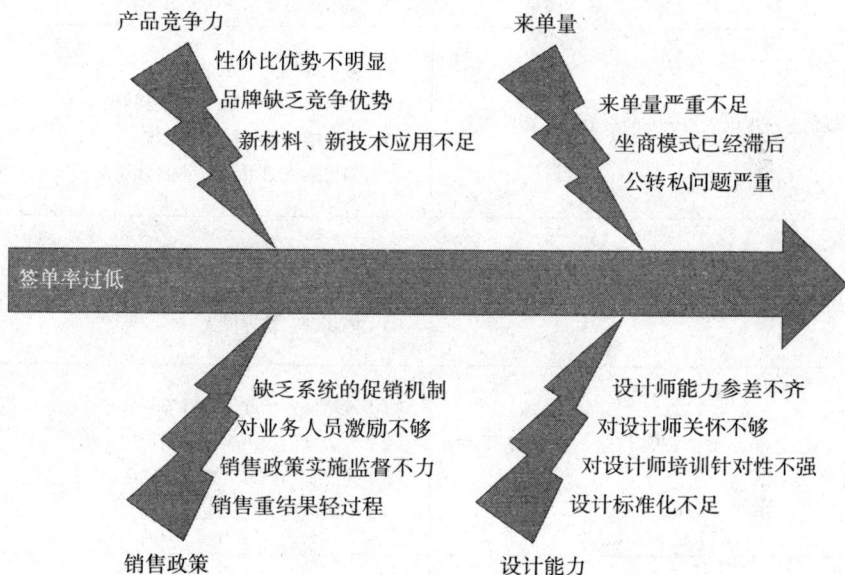

图8-5 某企业签单成功率解决策略规划

(3)行动计划。企业在确定问题改善实施计划的时候一定要遵守前面提到的SMART原则,计划项目必须具体、可实施、可以达到、与目标及策略相关。杜绝典型的中国式"模糊"管理。大家习惯于"也许、大概、差不多……"的管理风格,在日常工作中强调你好、我好、大家好,殊不知,对于企业经营和解决问题而言,无法量化就不能进行有效管理,不能量化的实施计划,最终只能沦为废纸一堆。

【案例8-5】某企业问题解决计划（表8-9）

表 8-9　某企业问题解决计划

维度	年度经营重点规划
以提升销售能力建设为龙头，持续推进有效益的发展	（1）进一步加强产品线建设，全力推动业务发展 （2）大力实施产品创新战略 （3）深入拓展城、乡两大市场
以信息技术为支撑，不断提升公司管控能力	（1）强化资料质量管理 （2）大力推广作业矩阵决策支持系统 （3）积极推广流程标准化系统 （4）加快推进 IT 大集中平台建设
以核保核赔师等专业技术制度建设为主干，不断提升公司盈利能力	（1）全力推进核保核赔师制度建设 （2）完善承保管控制度 （3）创新理赔管理模式
以打造服务价值链为纽带，有效提升服务能力	（1）规范服务标准，提升服务效能 （2）大力推广应用客户关系管理系统 （3）建立实施内部客户服务制度 （4）加大品牌推广力度
以绩效考评和优化资源分配为驱动，持续增强发展动力和活力	（1）进一步完善绩效管理体系 （2）完善经营绩效考核办法 （3）加强全面预算管理
坚持依法合规经营，切实防范经营风险	……
深入开展"培训年"活动，加快创建学习型组织	……
加强领导班子和队伍建设，培育优秀的企业文化	……

在上面的案例中，我们可以看到该企业在解决问题的时候运用了大量的诸如"扎实""健全""全面""大力""加大""深入""强化""积极""不断"等模棱两可的形容词，无法量化，也很难让每个部门都清楚

所要做到的程度。可以想象，类似这样的问题解决计划是很难落地执行的。

（4）完成时间。在确定某项工作完成时间的时候，企业的习惯往往是只约定一个完成工作的时间点，但往往造成大家对这个时间点理解上的差异，有人会理解为开始时间，而有人会理解为结束时间，有人理解为最早结束时间，而有人会理解为最迟结束时间，对时间理解的差异最终会导致计划很难在既定或期望时间节点完成。关于时间的约定，其实不仅仅只有一个节点，而是有四个节点，分别为最早开始时间、最迟开始时间、最早结束时间、最迟结束时间。由于很多计划项目之间会存在前后承接关系，有些计划项目必须是在前项计划项目结束后才能开始，所以在确定完成时间的时候必须综合考虑。

【案例8-6】某企业计划时间安排

如图8-6所示共有A计划、B计划、C计划、D计划、E计划、F计划、G计划、H计划、I计划、J计划、K计划共11项计划项目，其中A计划、B计划、C计划三项工作可以同时开始，D计划、G计划一定是在C计划完成之后才能正式开始，K计划开始的前提是G计划、J计划必须完成，E计划必须是在A计划完成后才能开始，E计划、I计划又是H计划开始的前提……因此，合理安排每项工作的开始及结束时间才能保证整体计划顺利推进。

根据表8-10可以看得出来，该企业在安排每项子计划的开始时间、结束时间的过程中必须通过严密分析，假设A计划一开始就启动，然后马上启动E计划，两项计划加起来共耗时91天，但这时候H计划是无法启动的，因为H计划前面还需要完成I计划（14天）、F计划（49天）、D计划（20天）、C计划（14天）共计97天的时间，那么就只能等到97天之后才能启动H计划，为了充分利用企业的资源，其实A计划就没必要一开始就启动，等C计划启动6天之后再启动A计划就可以了。

另外，根据上表的分析，我们还可以看到，在这家企业整个计划安排过程中，C计划（14天）——D计划（20天）——F计划（49天）——I计划（14天）——H计划（21天）是整个计划的关键路线，总共耗时118天，其他的所有计划都可以围绕这条关键路线进行合理规划与实施。

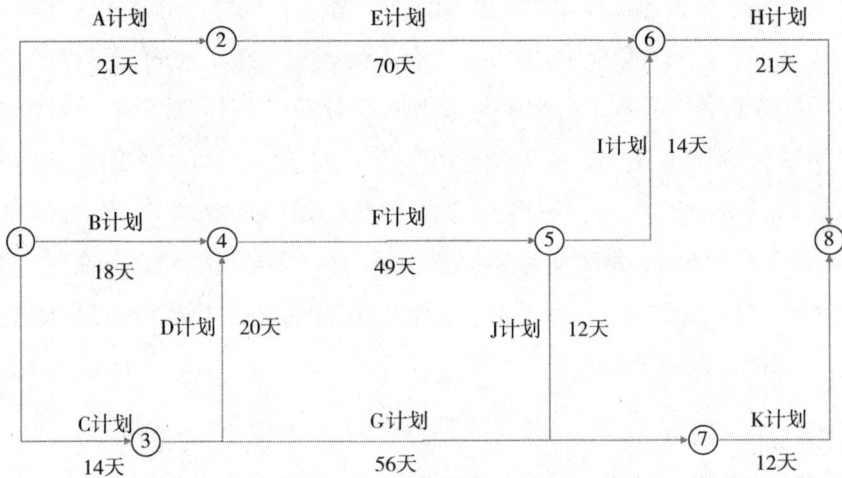

图 8-6　不同计划项目开始、结束时间规划

表 8-10　不同计划开始时间、结束时间规划

计划项目	紧前计划	时长	最早开始时间	最早结束时间	最迟开始时间	最迟结束时间
A 计划	/	21 天	0	21	6	27
B 计划	/	18 天	0	18	16	34
C 计划	/	14 天	0	14	0	14
D 计划	C 计划	20 天	14	34	14	34
E 计划	A 计划	70 天	21	91	27	97
F 计划	B 计划、D 计划	49 天	34	83	34	83
G 计划	C 计划	56 天	34	90	50	106
H 计划	E 计划、I 计划	21 天	97	118	97	118

续表

计划项目	紧前计划	时长	最早开始时间	最早结束时间	最迟开始时间	最迟结束时间
I 计划	F 计划	14 天	83	97	83	97
J 计划	F 计划	12 天	83	95	94	106
K 计划	G 计划、J 计划	12 天	95	107	106	118

因此，计划完成时间的安排其实是一项非常复杂的问题，而这又是企业很多管理者往往忽略的一个关键点，所以我们经常会发现企业的计划往往顾此失彼，总是不能统一协调地推进。

（5）责任人。计划责任人指在规定范围内，具体负责实施某项计划的人，该人既有管理权利，同时又要承担责任。根据我们的经验，关于工作计划责任人的指定需要注意以下几点：

①每项计划只指定一个责任人，如果出现两个或多个人负责的计划项目，最好的做法是将计划项目再分解，直至达到每项计划只有一个负责人为止。

②不要用部门名称、岗位名称代替责任人。很多企业在责任人指定方面总喜欢用XX部、XX岗位，其实这种表达方式并没有明确责任，因为XX部会有经理、主管、专员，XX岗位可能会有张三、李四或者王五，那么究竟是谁去执行呢？

③在公司内部形成计划负责人制度。在公司内部宣导和逐渐培养计划负责人制度，明确计划负责人权限、责任和利益，在这方面企业可以将计划实施过程和结果统一纳入目标绩效管理体系，让负责人真正能够负起责任。

④责任人一定要本着"谁的猴子谁背着"的原则，千万不要让别人的猴子跳到自己的背上来，同时也不能把自己背上的猴子放到别人背上。

（6）完成标志。计划完成标志有时候也称为里程碑，其实完成标志与里程碑之间是存在差异的。大家都知道里程碑原意是设置于公路整公里桩号处，用以计算里程和标识地点位置的标志，在管理上，我们经常也拿里程碑来标志一项工作进展的关键节点。而完成标志必须是一个问题解决完成之后的最终结果。

关于完成标志或者里程碑的设置也需要注意以下几点：

①一项计划可以设一个里程碑，也可以设多个里程碑，但完成标志只有一个。

②里程碑控制过程，完成标志衡量结果。

③里程碑可能是过程文件，也可能是时间节点，还可能是过程工作成果，而完成标志一定是计划项目最终达成的结果，可能是量化的目标，也可能是看得见、摸得着的工作成果。

（7）资源预计。完成一项工作计划项目，很多时候单靠责任人个人的力量是不能完成的，这时候就需要其他的资源，这些资源包括人、财、物、信息等。资源预计是问题解决工作计划当中很关键的一个环节，我们常说：巧妇难为无米之炊。一个人再厉害，缺乏资源的投入与支持，很多时候也只能望洋兴叹！

根据前面的介绍，我们推荐读者在编制问题解决计划的时候使用标准模板（表8-11）。

表 8-11　问题解决计划（模板）

目标	策略	行动计划	时间安排				责任人	完成标识 / 里程碑	资源预计
			最早开始时间	最早结束时间	最迟开始时间	最迟结束时间			

续表

备注：如果整个计划项目不存在严密的先后关系的话，时间安排可以调整为开始时间、结束时间
两项。

【案例8-7】

我们继续拿案例4-1深圳某LED照明企业存在的问题为例，看看这家企业的问题解决计划，如表8-12所示。

表 8-12　深圳某 LED 照明企业订单准时交付问题解决计划

总目标：9 天客户订单达交率（从 20% 至 80%）

目标	策略	行动计划	时间安排		责任人	完成标志/里程碑	资源预计
			开始时间	结束时间			
客户订单变更次数（从 10 次 / 周至 5 次 / 周）	完善合同评审	完善公司合同文本	1 月 5 日	1 月 12 日	张 ××	输出标准文本	外部法律顾问
		合同管理培训	1 月 13 日	1 月 15 日	张 ××	培训考核合格	人力资源部
	规范订单描述	明确订单描述规范	1 月 1 日	1 月 5 日	李 ××	发布订单描述规范	企管部
		在 CRM 中固化订单描述关键字段	1 月 6 日	1 月 18 日	蔡 ××	系统上线	信息部
	建立订单变更规则	输出公司订单变更流程，明确权限	1 月 18 日	1 月 12 日	水 ××	订单变更流程发布	企管部
		与客户沟通，规范客户订单变更规则	1 月 22 日	2 月 15 日	林 ××	客户沟通记录	

续表

| 目标 | 策略 | 行动计划 | 时间安排 | | 责任人 | 完成标志/里程碑 | 资源预计 |
			开始时间	结束时间			
订单计划达成率（从20%至80%）							
原料供货周期（从7天到4.5天）							
原料检验一次合格率（从78%至92%）							
供应商品质体系完备性（从65分至85分）							

续表

目标	策略	行动计划	时间安排		责任人	完成标志/里程碑	资源预计
			开始时间	结束时间			
新品开发周期（从3.5天至1.5天）							
......							
......							

3.如何确保计划有效执行

问题解决计划确定后,如何保证计划被不折不扣地加以执行就显得非常关键,在计划执行方面需要注意以下几点。

(1)计划制定要合理。计划能够执行的前提是计划本身要合理,不论是问题改善目标设定、问题解决策略识别、行动计划规划、完成时间规划、责任人指定,还是资源预计等每个环节都需要认真思考。

(2)计划实施监督到位。计划在执行过程中设置必要的监控点是非常关键的,同时定期、不定期对计划执行情况进行监督,发现问题,及时纠偏与解决。

(3)计划变更调整及时。针对执行过程中发现的新问题,如问题改善策略调整、行动计划调整、完成计划滞后、责任人变动与调整等异常环节要及时进行调整,以便计划能够有效执行。

(4)计划实施评价完整。对于计划执行过程必须要根据里程碑进行评价,同时对计划执行结果以完成时间及完成标识进行评价。

(5)问题解决问责及激励机制健全。健全问题解决问责及激励机制,对未按计划执行的责任人给予适度的负激励,对问题解决过程中有突出贡献的员工进行适度正激励,让员工能够在解决问题过程中得到成长与发展。

第四部分 PART Four

杜绝问题，绝薪止火

《吕氏春秋·尽数》中说："扬汤止沸，沸愈不止，去火则止矣。"可见，杜绝问题的最高境界不是隔靴搔痒般的徒劳无功，而是要切中要害，绝薪止火，一步到位。

企业很多问题看似已经解决了，但谁又能保证下次不再发生？一旦发生，如何更加高效地加以解决呢？这就需要企业建立问题杜绝机制。

第九章

如何建立问题杜绝机制

问题解决的核心流程

建立杜绝问题的机制是关键

卓越企业的8项特征

一、问题解决的核心流程

前面我们提到了企业发现问题、分析问题及解决问题的方法、技巧及需要注意的事项，企业在解决问题的时候绝对不可以就事论事，想当然地认为问题解决完了之后就结束了，请记住：缺乏杜绝问题的解决问题仅仅是就问题而谈问题，应把发现问题、分析问题、解决问题的过程形成规范及标准，让后来人遇到类似问题的时候直接拿前人形成的规范及标准参考执行就好了，这样的话以后解决问题的效率高了，企业也可以省出更多的时间去解决其他重要的问题。

如图9-1，本书把问题解决的核心流程分为5个核心步骤：

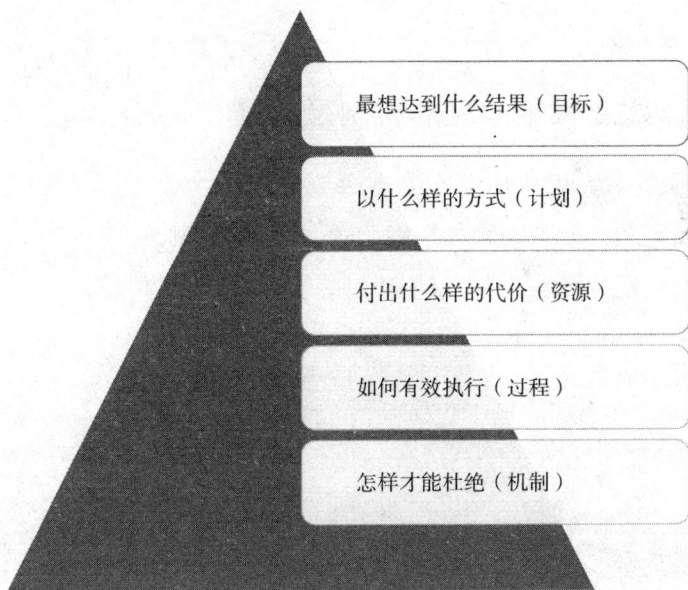

最想达到什么结果（目标）

以什么样的方式（计划）

付出什么样的代价（资源）

如何有效执行（过程）

怎样才能杜绝（机制）

图 9-1　问题解决流程

1.最想达到什么结果

解决问题前通过系统分析，首先要找到问题解决关键路径，并明确问题解决总体目标及每项子问题或者子原因对应的改善目标。记住：目标设定越清晰，问题改善方向越明确。

2.以什么样的方式

总目标确定后，必须按照问题解决计划7要素，结合SMART原则制订可执行的问题解决计划。

3.付出什么样的代价

计划的执行在很大程度上取决于资源是否充分，资源保障计划项目能否执行和落地。

4.如何有效执行

有了计划，如果不去严格执行的话，充其量只是一堆废纸，只有保证问题解决计划不折不扣地执行，才能确保问题改善目标顺利达成。

5.怎样才能杜绝

杜绝问题最好的办法就是建立"机制"，关于如何建立"机制"的问题，我们在后面再详细说明。

二、建立杜绝问题的机制是关键

永远都不要指望能够把企业存在的问题全部消灭，建立"发现问题—分析问题—解决问题—杜绝问题"机制最关键。

根据我们的经验，一个好的机制必须包含3个要素（图9-2）。

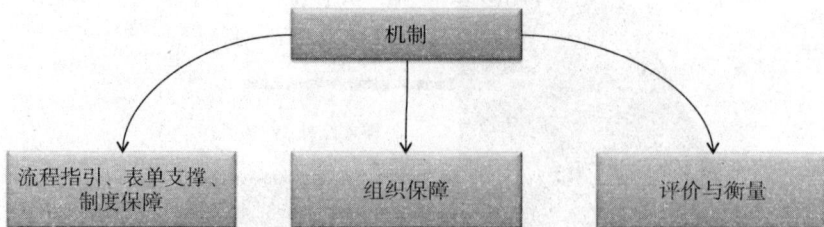

图 9-2　问题杜绝机制三要素

1.流程指引、表单支撑、制度保障

当企业把一个问题彻底解决之后，为了让后人能够快速掌握解决问题的方法，最好的办法就是建立流程，让其他人一目了然哪些部门、哪些岗位曾经参与了此问题的解决过程，解决这一问题具体有哪些步骤，每个步骤的输入与输出分别是什么，每个步骤的里程碑又是什么。同时，为了保证流程可实施，企业还需要建立相关表单。另外，流程清楚后，对于一些有特殊要求的地方，还必须明确相关规定，形成制度。最终形成流程指引、表单支撑、制度保障的问题解决机制。

很多企业认为，建立问题机制的核心就是建立制度体系，结果发现制度越来越多，多到很多制度一年到头都没有人去看一眼，所以，我们讲企业的制度不是越多越好，而是越少越好。如图9-3所示，但凡是优秀企业，在建立问题解决机制的时候一定是解决问题的每个步骤都有完善的流程，同时也会有一定的表单支撑，真正需要用制度来规范的环节并不多。

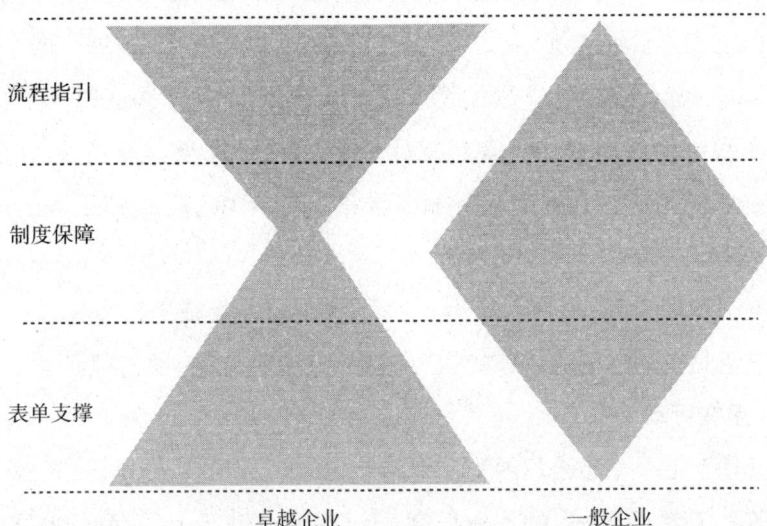

流程指引

制度保障

表单支撑

卓越企业　　　　　　　　一般企业

图9-3　流程、表单、制度的关系

2.组织保障

在问题解决之前，企业可能存在不知道谁去解决的问题，在具体解决问题的时候又会针对不同子问题和子原因的解决指定具体的责任人，但问题一旦解决完成，就必须第一时间对部门职能、岗位职责进行优化，最终形成严密的问题解决组织保障体系；同时按照问题解决过程中对人的要求，及时完善岗位任职资格体系，并对问题解决责任人进行相应培训，让其具备解决类似问题的能力。

3.评价与衡量

解决任何问题不可能一劳永逸，最常见的做法是当企业第一次遇到某项问题的时候把它当成是例外性问题加以解决，问题一旦解决就必须明确流程、制度、表单及责任主体，之后当类似问题再次发生的时候就可以当成例行性问题按照相关流程执行，这时候企业便可以通过绩效评价、管理审计等手段保证问题解决效率持续提升。

三、卓越企业的8项特征

卓越企业一定是发现问题、分析问题、解决问题和杜绝问题能力超强的企业，企业与企业之间的差异在很大程度上取决于此，就如联想总裁杨元庆曾经说过的那句话：联想不能绝对保证每一次的决策都是百分百正确的，但联想集团的能力在于即便是一个错误的决策，在执行过程中团队会不断加以修正，最终让问题回到正确的轨道上来。

美国管理专家托马斯·彼得斯、罗伯特·沃特曼在《追求卓越——美国杰出企业成功的秘诀》一书中曾经提到卓越企业的8项特征：

1.重在行动

行动至上是卓越公司的第一个特质，卓越公司的一贯执行"先做——再修改——然后再试"的作业程序，为了保证行动至上，有利于人员之间的沟通，卓越公司往往采取流动性的、有弹性的组织方法。

2.接近客户

卓越企业几乎没有任何一家企业远离客户的，因为他们都懂得"企业存在的唯一理由是客户还需要你"这一道理，如何理解客户、满足客户是所有卓越企业都必须明确回答的命题。

3.自主创业

卓越企业始终能够保持良好的经营状态，其中一个重要的因素就是：他们对于公司各阶层能够充分授权，极力提倡创新精神。

4.以人促产

卓越企业不管员工地位高低，都把他们看成是生产力的源泉。因此，以诚对待员工，视他们为合伙人，尊重他们，给他们以尊严，这样才能充分发挥生产设备能力，极大提升企业生产能力、订单交付能力、产品盈利能力。

5.信念促动

作为一家成功的企业，必须重视并不断践行企业价值理念，不管顺境还是逆境，每位员工从内心深处认同企业价值，而这些价值始终激励员工。

6.专场发挥

卓越的企业绝大多数都是沿着自己熟悉的业务领域，而很少触及自己不熟悉或者跨行业的业务领域。

7.精兵简政

组织一旦庞大，势必会带来人浮于事、流程冗长、效率低下、官僚作风蔓延等组织弊病，因此持续保持精兵简政，始终做最有价值的业务是企业持续保持卓越的秘方。

8.张弛并行

在卓越企业当中，都是既中央集权又地方分权，一方面通过授权让各级员工发挥主动性，另一方面为了控制经营风险，又必须对经营过程和结果进行监督和评价。

可以看得出来，托马斯·彼得斯、罗伯特·沃特曼在前面提到的8项特征绝大多数都与发现问题、分析问题、解决问题和杜绝问题有关，俗话说得好：幸福的家庭都是一样的，不幸的家庭千差万别。同理，成功的企业也是一样的，成功的企业练就了"发现问题—分析问题—解决问题—杜绝问题"的机制，而平庸的公司要么不能及时发现问题，要么对问题分析不到位，总是将细枝末节当成是核心关键，要么对于发现的问题没有能力加以解决，要么不能建立健全问题杜绝机制，让问题一而再、再而三地发生，同样的问题今天出现、明天出现，后天还出现，企业总是在无休止地讨论问题，而不能对问题进行有效分析与解决。

参考文献

[1] 杨剑, 水藏玺.管理就是解决问题 [M].北京: 中国纺织出版社, 2015.

[2] 水藏玺, 吴平新.年度经营计划制订与管理 [M].北京: 中国经济出版社, 2016.

[3] 水藏玺, 等.流程优化与再造 [M].3版.北京: 中国经济出版社, 2013.

[4] 水藏玺.互联网时代业务流程再造 [M].北京: 中国经济出版社, 2015.

[5] 水藏玺, 许艳红.管理成熟度评价理论与方法 [M].北京: 中国经济出版社, 2012.

[6] 水藏玺, 学管理、用管理、会管理. [M].北京: 中国经济出版社, 2016.

[7] 水藏玺, 等.人力资源管理体系设计全程辅导. [M].北京: 中国纺织出版社, 2017.

[8] 何军, 水藏玺.管理咨询35种经典工具 [M].北京: 中国经济出版社, 2005.

[9] 陈新平, 何冰.企业经营自我诊断 [M].北京: 中国物资出版社, 2003.

[10] 孙继伟.问题管理 [M].北京: 企业管理出版社, 2014.

[11] 孙易新.思维导图应用宝典 [M].北京.北京时代华文书局, 2015.

[12] 永谊.工作就是解决问题 [M].北京.北京邮电大学出版社, 2007.

[13] 陈春花.经营的本质 [M].北京.机械工业出版社, 2012.

[14] 陈新平, 何冰.工作就是责任 [M].北京.机械工业出版社, 2008.

[15] 〔日〕高杉尚孝.麦肯锡问题分析与解决技巧 [M] 郑舜珑, 译.北京.北京时代华文书局, 2014.

[16] 〔美〕福斯特,〔美〕莱尔斯,〔美〕菲利普斯.责任制造结果 [M].陈小龙, 译.北京: 中信出版社, 2012.

[17] 〔美〕艾伦·巴克.超级问题解决术 [M].吴明会, 译.北京: 人民邮电出版社, 2016.

[18] 〔美〕迈克尔·波特.竞争优势 [M].北京：华夏出版社，2009.

[19] 〔美〕达伦·布里奇，〔美〕戴维·路易斯.解决问题最简单的方法 [M].秦彦杰，译.北京：新世界出版社，2014.

[20] 〔美〕伊查克·爱迪思.企业生命周期 [M].王玥，译.北京：中国人民大学出版社，2017.

[21] 〔美〕约翰·米勒.问题背后的问题 [M].李津石，译.北京：电子工业出版社，2006.

[22] 〔美〕威廉·安肯三世.别让猴子跳回背上 [M].陈美岑，译.北京：机械工业出版社，2003.

[23] 〔美〕唐纳德·高斯，〔美〕杰拉尔德·温伯格.你的灯亮着吗 [M].俞月圆，译.北京：人民邮电出版社，2014.

[24] 〔美〕斯科特·普劳斯. 决策与判断 [M]. 施俊琦，王星，译.北京：人民邮电出版社，2004.

[25] 〔美〕杰拉尔德·W.福斯特，〔美〕理查德·I.莱尔斯，〔美〕威尔·菲利普斯. 责任制造结果 [M].陈小龙，译.北京：中信出版社，2012.

后　记

俗话说，十年磨一剑。过去十多年，信睿咨询一直致力于帮助客户提升经营业绩，并开创性地提出了信睿SMART-EOS企业经营系统。在过去十多年的实践中，我们坚持以问题为导向，通过问题解决帮助客户成功，本书中提到的发现问题、分析问题、解决问题、杜绝问题方法和工具都是经过我们多年验证并行之有效的，期望能够帮助更多的企业提升解决问题的能力，从优秀走向卓越。

在解决问题的过程中，信睿咨询与很多客户、朋友一起奋斗，结伴前行，在本书出版之际，感谢这么多年一直给予我们支持和帮助的人，他们是：

北京东方之星幼儿教育科技股份有限公司总裁杨文泽先生；

山东质德农牧集团总裁翟长信先生、副总经理孙建荣先生、副总经理朱全生先生；

江苏神王钢缆集团董事长黄伟良先生；

江苏国茂减速机股份有限公司总经理徐彬先生、副总经理孔东华先生、人力资源部部长黄晓英女士；

南方轴承总经理姜宗成先生、副总经理史伟女士；

鸿普森科技副总经理袁菲女士；

天津中环系统总经理丁金蝉女士；

宏大电器总经理顾仁先生；

高斯贝尔总经理游宗杰先生；

珠海全宝科技徐建华先生；

佛山创意产业园总裁邱代伦先生、副总经理张莹女士；

广州房博士总裁孙敏女士、副总裁陈晓崇女士；

深圳中进国际总裁乔峥女士；

浙江金凯德集团董事长陈利新先生；

庆美集团董事长熊福章先生；

万润科技总裁罗明先生、财务总监卿北军先生；

云南招标总经理徐瑞川先生、副总经理赵贵梅女士、副总经理汪雷先生；

苏州新机电总经理张建伟先生、副总经理游黎萍女士；

泛亚人力总经理靳站兵先生、副总经理高晓勇先生；

汉丹机电总经理葛懿先生、副总经理舒远鹏先生；

3ZU足装秀董事长董其良先生、总经理金培娟女士；

朵唯女性手机董事长何明寿先生；

鸿福泰总经理樊文劲先生；

玉溪矿业大红山铜矿经营副矿长李沛丰先生、人力资源主任姬祥云先生；

名雕装饰总经理林金成先生；

西洋肥业总经理周超先生、人力资源部长孙宏斌先生；

益康集团董事长郭建忠先生；

……

另外，还要感谢从《吹口哨的黄牛》（2003年出版）一书开始到《互联网+：中外电商发展路线图》（2017年出版）不低于100万的读者朋友的支持。每每在工作之余打开邮件、微信给读者朋友回信、回电时是我感觉到最幸福的时候，你们的批评是我提升的方向，你们的肯定是我前行的动力。

自2002年以来，我每天坚持从晚上22：00到次日凌晨2：00写作，看到文字在手指下闪烁，自己思想的火花逐渐沉淀并成形，备感欣慰！

最后，我还要再次真诚地感谢我的同事，在与大家共事并推动客户持续提升经营业绩的过程中，让我们的价值得以充分发挥。

水藏玺

2018年5月

附 录

本书案例来源及技术支持

信睿咨询　　　　南粤商学　　　　CPIO 协会

信睿咨询　信睿咨询是由国内知名管理专家水藏玺、吴平新发起，以"持续提升客户经营业绩"为追求目标，始终坚持"以客为尊，以德为先"的经营理念。结合十多年理论研究与企业实践，信睿咨询率先开创性地提出了"SMART—EOS企业经营系统"理论，信睿咨询认为，企业的任何一项经营活动和管理行为都必须以提升企业市值为准绳。同时，在与客户合作模式方面，信睿咨询提出的"与客户结婚"和"咨询零收费"模式开创了国内咨询行业全新的商业模式。

南粤商学　南粤商学是由国内知名管理专家水藏玺、张少勇等为核心发起人，联合近300位南粤（广州以南，珠江两岸）优秀企业家及企业高级管理者，以"信睿SMART—EOS企业经营系统"为理论基础，以"拓展管理视野"为使命，传播南粤优秀企业管理经验，推动中国企业提升管理能力，怀揣"管理报国，利润报企，幸福报民"的理想，旨在帮助中国企业实现管理升级，为早日实现"中国梦"而努力。

CPIO协会　深圳首席流程创新官（Chief Process Innovation Officer，简称CPIO）协会是由国内知名管理专家水藏玺、张少勇、朱小勇、王剑先生等人发起，旨在帮助企业打造一批优秀的CPIO。

CPIO的工作职责覆盖首席信息官（Chief Information Officer，CIO）、首席创新官（Chief Innovation Officer，CIO）和首席流程官（Chief Process Officer，CPO）的范畴，优秀的CPIO是企业经营系统升级的主要推动者和责任承担者。

水藏玺作品集

序号	书名	出版社	出版时间
1	吹口哨的黄牛：以薪酬留住人才	京华出版社	2003
2	金色降落伞：基于战略的组织设计	中国经济出版社	2004
3	睁开眼睛摸大象：岗位价值评估六步法	中国经济出版社	2004
4	管理咨询 35 种经典工具	中国经济出版社	2005
5	看好自己的文件夹：企业知识管理的精髓	中国经济出版社	2005
6	绩效指标词典	中国经济出版社	2005
7	培训促进成长	中国经济出版社	2005
8	拿多少，业绩说了算	京华出版社	2005
9	成功向左、失败向右：在企业的十字路口如何正确决策	中国经济出版社	2006
10	激励创造双赢：员工满意度管理 8 讲	中国经济出版社	2007
11	人力资源管理最重要的 5 个工具	广东经济出版社	2008
12	人力资源管理体系设计全程辅导（第 1 版）	中国经济出版社	2008
13	企业流程优化与再造实例解读	中国经济出版社	2008
14	金牌班组长团队管理	广东经济出版社	2009
15	薪酬的真相	中华工商联出版社	2011
16	流程优化与再造：实践、实务、实例	中国经济出版社	2011
17	管理成熟度评价理论与方法	中国经济出版社	2012
18	流程优化与再造	中国经济出版社	2013
19	定工资的学问	立信会计出版社	2014
20	互联网时代业务流程再造	中国经济出版社	2015
21	管理就是解决问题	中国纺织出版社	2015
22	年度经营计划管理实务	中国经济出版社	2015
23	学管理　用管理　会管理	中国经济出版社	2016
24	人力资源就该这样做	广东经济出版社	2016

续表

序号	书名	出版社	出版时间
25	人力资源管理体系设计全程辅导（第2版）	中国纺织出版社	2016
26	互联网+：电商采购·库存·物流管理实务	中国纺织出版社	2016
27	年度经营计划制订与管理	中国经济出版社	2016
28	班组长基础管理培训教程	化学工业出版社	2016
29	互联网+：中外电商发展路线图	中国纺织出版社	2017
30	年度经营计划制订与管理（第3版）	中国经济出版社	2018
31	高绩效工作法	中国纺织出版社	2019
32	不懂解决问题，怎么做管理	中国纺织出版社	2019